Harald Eckert
Gottes Weg mit Israel

Harald Eckert

Gottes Weg mit Israel

Von Abraham bis zur Offenbarung

1. Auflage 2005

ISBN 3-935703-55-4
Bestellnummer 147355

Umschlaggestaltung: Danny Zabel, IMAGE Grafik Design, D-Landsberg
Umschlag-Illustrationen: Gerhard Heitzer
Satz: ASAPH, Jens Wirth, D-Lüdenscheid
Druck: Breklumer Druckerei M. Siegel, D-Breklum

Printed in the EU

Für kostenlose Informationen über unser umfangreiches Lieferprogramm an christlicher Literatur, Musik und vielem mehr wenden Sie sich bitte an:

ASAPH, D-58478 Lüdenscheid
E-Mail: asaph@asaph.net – www.asaph.net

Inhalt

Vorwort

Ich denke, in jedem Haushalt gibt es sie: die Lieblingstöpfe, die man immer und immer wieder benutzt, obwohl sie schon ziemlich alt sind. Man muss schon kräftig scheuern, um über die Jahre festgebrannte Reste im Topf zu entfernen.

Mindestens ebenso kräftig muss theologische Reinigungsarbeit geleistet werden, wenn es um das Verhältnis zwischen Christen und Juden geht. Wie viele irreführende Lehren halten sich wie festgebrannte Reste wacker über Jahre und Jahrzehnte, etwa nach dem Motto: Was früher nicht geschadet hat, wird auch heute nicht schaden. Wer aber sagt denn, dass uns die mangelnde biblische Sicht in diesen Sachen nicht geschadet habe? Man denke in diesem Zusammenhang nur an die tragischen Entwicklungen zur Zeit des Hitler-Regimes oder auch an das alarmierende neue Aufkeimen antijudaistischer Parolen in unserem Land.

Ich bin in einer lebendigen kleinen, pietistisch geprägten Freikirche aufgewachsen. Dort herrschte wie fast überall in den freikirchlichen Gemeinden die Sicht vor, dass wir als Gemeinde Jesu nun alle Verheißungen des Volkes Israel geerbt hätten und somit auch das neue Volk Gottes wären. – Damals wusste ich noch nichts von einer so genannten Ersatz- bzw. Substitutionstheologie, aber ich hatte sie unreflektiert übernommen. Auch in meinem Theologiestudium spielte das Thema Israel meines Erachtens nicht die große Rolle. Erst in meinem ersten Gemeindedienst wurde ich mit der Frage neu konfrontiert, als einige Bibelkenner mich immer und immer wieder darauf hinwiesen, dass es hier noch viel zu lernen gebe, gerade, wenn man etwa die wichtigen Kapitel 9-11 des Römerbriefes studierte. Zunehmend wurde mir die hohe Bedeutung des ewigen Treuebundes Gottes mit seinem Volk Israel deutlich. Ich erkannte, dass es mindestens drei wesentliche

Segensquellen in der geistlichen Erneuerung einer Gemeinde gibt: die Treue zum biblischen Wort Gottes, die Öffnung für alle Wirkungen des Heiligen Geistes und die Erkenntnis unserer Schicksalsgemeinschaft mit dem Volk Israel. In vielfacher Weise habe ich erkannt, dass wer Israel segnet, auch selber Segen empfängt. – Natürlich gab und gibt es auch immer wieder Israelfreunde, die aufgrund einer mangelnden Klärung des Verhältnisses zwischen dem Volk Israel, dem Land Israel und dem Staat Israel zu einer überzogenen Euphorie neigen. Umso wichtiger ist diesbezüglich die biblisch-theologische Orientierung.

Harald Eckert hat sich über viele Jahre und Jahrzehnte ausführlich mit der Thematik befasst und mit diesem Buch einen wertvollen und gut verständlichen Beitrag gegeben. Es ist mein Wunsch, dass dieses Buch mit dazu beiträgt, dass „alte, festgebrannte“ Restlehren einer guten biblischen Lehre weichen.

Dr. Heinrich Christian Rust
Pastor der Braunschweiger Friedenskirche

15. Februar 2005

Einführung

Das Thema „Israel“ zählt sowohl innerhalb der christlichen Gemeinde als auch in Politik und Gesellschaft zu den brisantesten und umstrittensten Themen unserer Zeit. Auch mit Blick in die Vergangenheit stellen wir fest, dass die Geschichte des jüdischen Volkes – und unsere Beziehung als christliche Gemeinde und als nichtjüdische Völker zu ihm – von mancherlei Extremen gekennzeichnet war: Die Beziehung von Christen und Juden zueinander stellt das mit Abstand dunkelste Kapitel der Kirchengeschichte dar. Und der Holocaust während des Dritten Reichs ist der Tiefpunkt der „christlich-abendländischen“ Kulturnation Deutschland, wenn nicht der Menschheitsgeschichte insgesamt.

Tatsache ist: Wenn es um Juden und Israel geht, kann man nicht neutral bleiben. Entweder neigt man intuitiv zu Anerkennung, Respekt und Wertschätzung, manchmal sogar bis hin zu Bewunderung, ungesundem Überschwang und Euphorie, oder man wird mit Misstrauen, Vorbehalten und diffusen, subtilen Ängsten konfrontiert, bis hin zu Unmut, Ablehnung und offenem Hass. Es ist sehr schwer, wenn nicht unmöglich, sich dem Thema zu entziehen – selbst wenn man es sich wünschte.

Besonders wir als Christen, die wir durch den Juden Jesus, unseren Erlöser, in besonderer Weise mit dem jüdischen Volk verbunden sind (ob uns das passt oder nicht), können uns den mit Israel verbundenen Fragen und Herausforderungen nicht entziehen. Wir müssen eine eigenständige, vor Gott, vor unserem Gewissen und vor anderen Menschen verantwortbare Position zu diesem Thema finden. Mehr noch: Es genügt nicht (und ist auf Dauer auch nicht möglich), nur eine intellektuelle, „politisch korrekte“ Haltung einzunehmen. Hier sind wir mit unserem Herzen und unserer ganzen Person gefragt. Unser Verstand, unser Herz und unser tagtäglicher Lebensstil als Christ und christliche Gemeinde muss zu dieser überzeugten und überzeugenden Haltung finden – auch und gerade, wenn dies bedeutet, gegen den breiten Strom zu schwimmen.

Aber was kann wirklich hilfreich sein in diesem Wust tragischer Ereignisse, widerstreitender Prägungen und verwirrender Meinungen? Aus Dutzenden von Seminar- und Vortragsveranstaltungen und unzähligen Gesprächen und Erlebnissen in den letzten Jahren bin ich zu der Überzeugung gekommen, dass für ernsthafte Christen ein tieferes, ausgewogenes Verständnis der Bibel zu diesem Themenkomplex unerlässlich ist. Die Bibel enthüllt uns Gottes tiefste Gedanken und Absichten in Bezug auf Israel und das jüdische Volk. Die Bibel gibt schlüssige Antworten auf brisante Fragen. Sie enthält Gottes Lösungen für die verworrensten menschlichen Probleme und historischen Abgründe. Das Wort Gottes, und nur das Wort Gottes vermag „Geistliches von Seelischem“ und „gesundes Mark von totem Gebein“ zu unterscheiden (nach Heb. 4,12).

Mir geht es in diesem Buch darum, dass einige der wesentlichen biblischen Aussagen zum Thema Israel in verständlicher und nachvollziehbarer Weise und ohne viel Beiwerk für sich selbst sprechen können. Dahinter steht der Wunsch, dass der rote Faden von Gottes Gedanken und Absichten mit Israel – in Vergangenheit, Gegenwart und Zukunft – für viele ernsthafte Christen mit wachsender Klarheit erkennbar wird.

In diesem Sinne ist es mein Gebet und meine aufrichtige Hoffnung, dass der Leser in vielfältiger Weise von den folgenden Seiten profitieren wird.

Harald Eckert

Hebertshausen bei Dachau
Ostern 2005

Teil 1

Der biblische Rahmen

KAPITEL 1

ZEITEN DER WIEDERHERSTELLUNG

„DEN [JESUS] MUSS FREILICH DER HIMMEL AUFNEHMEN BIS ZU DEN ZEITEN DER WIEDERHERSTELLUNG ALLER DINGE, VON DENEN GOTT DURCH DEN MUND SEINER HEILIGEN PROPHETEN VON JEHER GEREDET HAT.“ (APG. 3,21)

„WENN WIR UNSEREN WILLEN MIT DEM WILLEN GOTTES IN EINKLANG BRINGEN, WENN WIR DIE ZIELE GOTTES ZU UNSEREN ZIELEN MACHEN, SIND WIR GENAUSO UNERSCHÜTTERLICH UND UNBESIEGBAR WIE DER WILLE GOTTES SELBST.“ (DEREK PRINCE, BIBELLEHRER[1])

Ehe wir unsere Reise durch die Bibel beginnen, um Gottes Weg mit Israel durch die Zeiten hindurch näher kennen zu lernen, wollen wir zunächst einige Rahmenbedingungen betrachten, die uns helfen, diesen Strang biblischer Offenbarung[2] richtig einordnen zu können. Diese Rahmenbedingungen finden wir im Neuen Testament durch Petrus eindrucksvoll beschrieben.

In Apostelgeschichte, Kapitel 3, ist die zweite große Predigt des Petrus aufgezeichnet. Die erste finden wir in Kapitel 2 – es handelte sich dabei um die Pfingstpredigt, durch welche die Gemeinde Jesu geboren wurde. Beide Predigten stehen in einem tiefen inneren Zusammenhang und sind als solche grundlegend für die junge christliche Gemeinde in Jerusalem. In Apg. 3,17-21 lesen wir:

„Und jetzt, Brüder, ich weiß, dass ihr in Unwissenheit gehandelt habt, wie auch eure Obersten. Gott aber hat so erfüllt, was er durch den Mund aller Propheten vorher verkündigt hat, dass sein Christus leiden sollte. So tut nun Buße und bekehrt euch, dass eure Sünden ausgetilgt werden, damit Zeiten der Erquickung kommen vom Angesicht des Herrn und er den euch vorausbestimmten Jesus Christus sende! Den muss freilich der Himmel aufnehmen bis zu den Zeiten der Wiederherstellung aller Dinge, von denen Gott durch den Mund seiner heiligen Propheten von jeher geredet hat."

Der Hintergrund: Durch Petrus und Johannes wurde ein von Geburt an lahmer Mann, der sich zum Betteln im Tempelbezirk aufhielt, geheilt. Die gerade anwesenden frommen Juden waren in Aufruhr. Etwas Außergewöhnliches war geschehen, aber: durch wen, durch welche Kraft und in welcher Vollmacht? An dieser Stelle setzte Petrus an. Er konfrontierte seine jüdischen Zuhörer mit der Tatsache, dass dieses Wunder durch den Namen dessen geschah, den sie nur wenige Wochen zuvor den römischen Autoritäten zur Hinrichtung ausgeliefert hatten: durch den Namen Jesus.

Unter der überführenden Kraft des Heiligen Geistes und angesichts dieser Krafthandlung Gottes erkannten viele der anwesenden Juden – wie schon zu Pfingsten – mit großer Erschütterung: Auch sie waren schuldig, dass sie Jesus, den Messias,[3] von dem die Propheten gesprochen und auf den sie Jahrhunderte lang gewartet und gehofft hatten und der gekommen war – nicht erkannt hatten! Und hier sagt ihnen Petrus: „Liebe Brüder, all dies musste so geschehen, weil es die Propheten vorhergesagt haben. Tut Buße und euch wird Vergebung zuteil werden."

Aber dabei bleibt Petrus nicht stehen, sondern fährt sinngemäß fort: Jesus ist von den Toten auferstanden und in den Himmel aufgenommen – und er wird wiederkommen! Doch so, wie ein Teil biblischer Prophetie sich im ersten Kommen, im Sterben und in der Auferstehung Jesu erfüllt hat, müssen sich vor seinem zweiten Kommen noch weitere Teile biblischer Prophetie erfüllen. In Petrus' Worten: Der Himmel müsse ihn aufnehmen *„... bis zu den* Zeiten der Wiederherstellung aller Dinge, *von denen Gott durch den Mund seiner heiligen Propheten von jeher geredet hat.*[4]*"*

Drei Phasen biblischer Prophetie in Bezug auf Jesus

Fassen wir die Verse 17-21 unter dem Gesichtspunkt der Erfüllung biblischer Prophetie in zeitlicher Hinsicht zusammen, stellen wir fest, dass Petrus in Bezug auf Jesus drei Phasen unterscheidet:

1. Eine erste Phase prophetischer Verheißungen des Alten Testaments hat sich gemäß V. 17 in Jesu Kommen, seinem Sterben, seiner Auferstehung und Himmelfahrt erfüllt.[5] Jesus selbst hat den beiden Jüngern auf dem Weg nach Emmaus gesagt: *„Warum begreift und glaubt ihr nicht, was die Propheten vorhergesagt haben? Musste Christus nicht all dies erleiden, bevor Gott ihn zum Herrn über alles einsetzt?“*
2. Eine zweite Phase prophetischer Verheißungen erfüllt sich zwischen dem ersten und zweiten Kommen Jesu – das sind die „Zeiten der Wiederherstellung“, von denen in V. 21 die Rede ist.
3. Eine dritte Phase prophetischer Verheißungen wird sich mit und nach dem zweiten Kommen Jesu erfüllen – also mit dem Anbruch der „Zeiten der Erquickung“, die Petrus in V. 20 erwähnt.

Es ist von weit reichender Bedeutung, dass wir diese Unterscheidung verstehen und ernst nehmen, insbesondere auch die Realität der zweiten Kategorie!

Etwas vereinfacht gesagt ist zu beobachten, dass liberale Theologen dazu neigen, möglichst viele prophetischen Aussagen des Alten Testaments als schon im Alten Testament erfüllt anzusehen – und zwar vor der Zeit ihrer Abfassung. Mit anderen Worten: Alttestamentliche Prophetie sei nur ein literarisches Stilmittel, um geschichtliche Ereignisse aus dem Blickwinkel des Glaubens zu interpretieren.

Manche evangelikale Theologen neigen andererseits dazu, das Pendel zu weit in die andere Richtung ausschlagen zu lassen: Sie tendieren zu der Sicht, dass ein möglichst großer Anteil prophetischer Aussagen der Bibel erst in der Zeit nach dem zweiten Kommen Jesu in Erfüllung gehen wird. Sie glauben sehr wohl, dass Gott durch sein Wort konkret prophetisch redet – aber tun sich oft schwer damit anzuerkennen, dass manche prophetischen Aussagen einen konkreten Bezug zum jetzigen Zeitalter haben – zwischen dem ersten und zweiten Kommen Jesu.[6]

Die drei endzeitlichen Ziele Gottes

Doch die Bibel lässt daran keinen Zweifel. Es gibt eine Reihe prophetischer Aussagen im Alten und im Neuen Testament, die sich auf dieses Zeitalter, auf die „Zeiten der Wiederherstellung", beziehen. Petrus selbst sagt dies unmissverständlich. Bestimmte Dinge, *„von denen Gott durch den Mund seiner heiligen Propheten von jeher geredet hat"*, müssen erfüllt werden, ehe Jesus zum zweiten Mal kommen wird.

Welche Dinge zum Beispiel?

Ich stimme aufgrund meines eigenen Studiums der Bibel über die letzten 25 Jahre der Aussage des ehemaligen Philosophieprofessors der Cambridge-Universität und mittlerweile weltweit bekannten Bibellehrers Derek Prince zu, der von drei Hauptsträngen biblischer Prophetie zwischen dem ersten und zweiten Kommen Jesu spricht. Diese sind:

1. Die Erfüllung des Missionsbefehls
2. Die Zubereitung der („Braut"-)Gemeinde Jesu
3. Die physische und geistliche Wiederherstellung Israels

Jede dieser drei inhaltlichen Grundlinien biblischer Prophetie könnte ausführlich mit einer Reihe biblischer Aussagen begründet und erhärtet werden. Für den dritten Strang, die physische und geistliche Wiederherstellung Israels, werden wir dies im Laufe der folgenden Kapitel eingehender vornehmen. Für die Absicht dieses Kapitels möchte ich jedoch jeweils nur auf ein oder zwei Stellen im Wort Gottes hinweisen.

Über die Erfüllung des Missionsbefehls spricht Jesus selbst in seiner Funktion als Prophet[7] in seinen so genannten „Endzeitreden", indem er vorhersagt (Mt. 24,14): *„Und es wird gepredigt werden dies Evangelium vom Reich in der ganzen Welt zum Zeugnis für alle Völker, und dann wird das Ende kommen."* Mit anderen Worten: Die Endzeitwehen werden nicht zum Abschluss kommen, das messianische Königreich, das sichtbare Reich Gottes, wird nicht anbrechen, Jesus wird nicht zum zweiten Mal kommen, ehe nicht das Evangelium vom Reich Gottes unter allen Völkern verkündet worden ist.

In Bezug auf die Gemeinde Jesu spricht Paulus im Epheserbrief deutlich aus, in welchem Zustand diese sein wird, wenn Jesus wieder auf die Erde zurückkehrt. Ich greife zwei Aussagen heraus, die beide in die gleiche Richtung weisen: *„... bis wir alle hingelangen zur Einheit des Glaubens und der Erkenntnis des Sohnes Gottes, zur vollen Mannesreife, zum Vollmaß des Wuchses der Fülle Christi"* (Eph. 4,13); *„... damit er die Gemeinde sich selbst verherrlicht darstellte, die nicht Flecken oder Runzel oder etwas dergleichen habe, sondern dass sie heilig und tadellos sei"* (Eph. 5,27).

Verbinden wir diese Aussagen mit der Beschreibung des so genannten „Hochzeitsmahls des Lammes" – also der Vereinigung von Jesus mit seiner Gemeinde – im Buch der Offenbarung. In Kapitel 19, Vers 7, lesen wir zum Beispiel: *„Wir wollen uns darüber freuen, jubeln und Gott ehren. Jetzt ist der große Hochzeitstag des Lammes gekommen; seine Braut ist bereit!"*

Anders ausgedrückt: Die „Braut", die Gemeinde Jesu, muss ein bestimmtes Maß an Reife, an Reinheit, an geistlicher Schönheit widerspiegeln, ehe Jesus, der Bräutigam, bereit und willens ist, zurückzukehren und sich mit ihr zu vermählen.

Und was den dritten Strang biblischer Prophetie in den „Zeiten der Wiederherstellung" betrifft, die physische und geistliche Wiederherstellung Israels, greife ich nur eine Aussage Jesu – ebenfalls aus den Endzeitreden – heraus (Mt. 23,38f): *„Siehe, euer Haus wird euch öde gelassen; denn ich sage euch: Ihr werdet mich von jetzt an nicht sehen, bis ihr sprecht: „Gepriesen sei, der da kommt im Namen des Herrn!"*

Jesus spricht hier zu den Bewohnern Jerusalems und damit stellvertretend zum jüdischen Volk als Ganzes. Wir werden später noch näher auf diese Stelle eingehen. Nur ein Hinweis sei an dieser Stelle schon erlaubt: Jesus wird nicht zum zweiten Mal nach Jerusalem kommen, ehe nicht – erstens – Jerusalem wieder die Heimat jüdischer Menschen ist und – zweitens – das jüdische Volk ihn mit dem messianischen Segenswort als Messias willkommen heißt: *„Baruch haba beschem adonai"* – „Gesegnet ist, der da kommt im Namen des Herrn".[8] Also: Das jüdische Volk kommt zum Glauben an Jesus als seinen Messias, ehe Jesus wiederkommt. Wie und unter welchen Umständen – das werden wir später sehen.

Wir fassen zusammen: Die Bibel spricht von „Zeiten der Wiederherstellung" als von einem Zeitabschnitt der Erfüllung biblischer Prophetie zwischen dem ersten und zweiten Kommen Jesu. Die drei Hauptstränge biblischer Prophetie für diesen Zeitabschnitt haben die Erfüllung des Missionsbefehls, die Zubereitung der Brautgemeinde und die physische und geistliche Wiederherstellung Israels zum Thema. Allen drei Strängen gemeinsam ist das Merkmal, dass ihre Erfüllung *vor* dem zweiten Kommen Jesu liegt.

Soweit der biblische Befund. Ich möchte diesen einleitenden Gedankengang mit einigen persönlichen Beobachtungen und Kommentaren schließen.

Je näher wir der Wiederkunft Jesu kommen, desto intensiver wird das Handeln Gottes in allen drei Bereichen. Das ergibt sich schon aus dem treffenden Bild Jesu von den „Endzeitwehen" in Matthäus, Kapitel 24. Diese Wahrheit bestätigt sich in den drei genannten Bereichen, Mission, Erweckung/Gemeinde und Israel: Im 20. Jahrhundert haben sich in diesen drei Bereichen mehr biblische Verheißungen erfüllt als in den vorausgegangenen achtzehn Jahrhunderten zusammen. Darum glaube ich, dass wir nicht nur allgemein, sondern im engeren Sinn des Wortes in der Endzeit leben.[9]

Allen drei Strängen ist neben der Zielrichtung der Wiederkunft Jesu noch gemeinsam, dass sie gleichermaßen Zeugnis ablegen vom anbetungswürdigen Charakter Gottes und von der unbedingten Glaubwürdigkeit des Wortes Gottes. In diesem gewaltigen dreifachen Zeugnis wird vor der sichtbaren und unsichtbaren Welt bekannt: „Gott ist gut. Gott ist treu. Er ist der König Israels und das Haupt der Gemeinde. Er ist der Herr der Geschichte, Alpha und Omega. Was er vorhersagt, wird geschehen. Ihm allein gebührt alle Ehre und Anbetung!"

Schließlich möchte ich darauf hinweisen, dass diese drei prophetischen Linien und ihre schrittweise Erfüllung in unserer Zeit geistlich und praktisch auf das Engste miteinander verwoben sind. „Gemeinde", „Mission" und „Israel" sind in Gottes Herzen, in Gottes Wort und in Gottes endzeitlichem Handeln untrennbar. Wir werden später noch Beispiele dafür sehen. Was mich persönlich jedoch immer wieder betroffen macht, ist die Beobachtung, dass das, was bei Gott zusammengehört, bei uns Menschen oft auseinander gerissen, ja, fast in einen Gegensatz zueinander gebracht wird.

Ich spreche hier aus Erfahrungen und Beobachtungen, die ich in mehr als 20 Jahren in verschiedenen Gemeinden, geistlichen Strömungen und Bewegungen in Deutschland und andernorts gemacht habe. Da gibt es Gruppen, die geben der Gemeinde einen allerhöchsten Stellenwert, haben jedoch kaum eine Sicht für Mission und viel weniger noch für Israel. Da gibt es ehrenwerte Missionsbewegungen, die jedoch große Mühe mit ihrem Verständnis von Gemeinde und ihrer Beziehung zu ihr haben. Und in gleicher Weise gibt es Kreise, die eine brennende Liebe zu Israel haben, aber das größere Ganze des Reiches Gottes einschließlich Gemeinde und Mission nicht wahrhaben können oder wollen.

Diese Zerrissenheit des Leibes ist kein Werk des Heiligen Geistes – ich betrachte sie als eine sehr wirkungsvolle und zerstörerische Strategie Satans und seines Reiches. Aus dieser Zerrissenheit entspringen Verletzungen, Spaltungen, mannigfaltige seelsorgerliche Nöte und jeweils ganz unterschiedlich gelagerte Defizite, welche der Gemeinde Jesu bis heute massiv schaden und sie lähmen.

Es gibt sehr wohl unterschiedliche Berufungen – Beauftragungen, die mehr dem gemeindlichen Leben, mehr dem Missionsauftrag oder mehr dem Anliegen „Israel" zugerechnet werden können. Aber unabhängig davon, was unsere Berufung im Einzelnen sein mag: Wir alle sind herausgefordert, aus der Verbundenheit mit Gott und seinem Wort heraus einen Blick für das größere Ganze, für sein Reich, seine umfassenden Pläne und sein umfassendes Handeln in unserer Zeit zu entwickeln und zu pflegen. Daraus entspringt Respekt und Hochachtung für die jeweils anderen Berufungen, die Erkenntnis der eigenen Ergänzungsbedürftigkeit und auch die Freiheit, die eigene Berufung mit großer Hingabe zu leben. Und das nicht in Konkurrenz zu anderen Berufungen, sondern vielmehr in einer dienenden, demütigen Grundhaltung und in dem Bewusstsein, dass unser „Erkennen nur Stückwerk" ist[10] und wir die Perspektive des anderen brauchen, um nicht engstirnig und einseitig zu werden.

Ich möchte uns alle ermutigen und herausfordern, unabhängig davon, was unsere persönliche Berufung und unser derzeitiger Aufgabenschwerpunkt ist: Streben wir danach, dass das, was in Gottes Herzen, in seinem Wort und in seinem Handeln zusammengehört – Mission, Gemeinde, Israel –, auch in unserem Leben in unseren Gemeinden und in unserer „Reichgottesarbeit" Raum hat. Das wird unserem Leben Ausgewogenheit und unseren Gemeinden Kraft geben. Unser Zeugnis in der Welt wird gefördert und wir werden zum Segen für Israel. Und ganz gewiss wird Gott dadurch geehrt werden.

Anmerkungen

1 Derek Prince, *Die drei endzeitlichen Ziele Gottes,* Serie „Nachfolge konkret", Trostberg: Internationaler Bibellehrdienst, 2. Aufl. 1997, S. 7.

2 Eine kleine Vorbemerkung zu Beginn, gewissermaßen die Prämisse, unter der dieses Buch geschrieben wurde. Der Autor geht davon aus, dass die ganze Bibel, bis ins Detail hinein, Gottes Reden zu uns Menschen darstellt, gemäß dem biblischen Selbstzeugnis: *„Denn alle Schrift, von Gott eingegeben, ist nütze zur Lehre, zur Zurechtweisung, zur Besserung, zur Erziehung in der Gerechtigkeit, dass der Mensch Gottes vollkommen sei, zu allem guten Werk geschickt"* (2. Tim. 3,16-17). Dies gilt auch und insbesondere für die prophetischen Teile des Wortes Gottes. Dass Gott – der Gott der Bibel – konkret prophetisch spricht und seine Vorhersagen historisch verifizierbar sind, ist ohne Vergleich zu jeder anderen Religion oder Philosophie. Dies ist das Selbstzeugnis der Bibel: *„Gedenket des Früheren von der Urzeit her, dass ich Gott bin. Es gibt keinen sonst, keinen Gott gleich mir, der ich von Anfang an den Ausgang verkünde und von alters her, was noch nicht geschehen ist, – der ich spreche: Mein Ratschluss soll zustande kommen, und alles, was mir gefällt, führe ich aus"* (Jes. 46,9-10). Deshalb ist die Bibel und der Gott der Bibel in so unvergleichlicher Weise vertrauenswürdig. Möge dieses Buch dieses Vertrauen wecken und stärken.

3 Das hebräische Wort „Messias" entspricht dem griechischen Wort „Christus". Jesus Christus heißt demnach nichts anderes als „Jesus, der Messias".

4 Das in dieser Passage (V. 20 und 21) verwendete griechische Wort für „Zeit" ist bedeutsam. Im Griechischen gibt es zwei Wörter für das Konzept von „Zeit" – *chronos* und *kairos*. *Chronos* beschreibt einen langanhaltenden, eher gleichmäßig verlaufenden Zeitraum, *kairos* eher punktuelle, oft überraschende, dramatische Ereignisse. Bei „Zeiten der Erquickung" wird das Wort *kairos* verwendet – einer von mehreren Hinweisen darauf, dass damit die Zeit gemeint ist, die mit der plötzlichen, überraschenden Wiederkehr Jesu anbricht. Die „Zeiten der Erquickung" sind damit gleichzusetzen mit dem prophetisch angekündigten messianischen Zeitalter (nach Jesu Wiederkunft). Bei „Zeiten der Wiederherstellung" wird für „Zeit" das Wort *chronos* verwendet – beschreibt also einen eher längeren, kontinuierlichen Prozess vor dem zweiten Kommen Jesu, einen Prozess der Erfüllung prophetischer Verheißungen.

5 In *Das jüdische Neue Testament* von David H. Stern (Holzgerlingen, Hänssler, 2. Aufl., 2000, XXIX-XXXIII) zählt der Autor 80 alttestamentliche Schriftstellen auf, die 52 verschiedene Aspekte im Zusammenhang mit Jesu erstem Kommen prophetisch vorhergesagt haben.

6 Das Hauptproblem gläubiger jüdischer Menschen in Bezug auf Jesus als Messias war (schon zu Jesu Zeiten) und ist bis heute, dass sie nicht verstehen können, dass sich die AT-Verheißungen auf den Messias hin nicht alle auf einmal erfüllen. Jesus kam das erste Mal, um unsere Herzen zu verändern. Er kommt zum zweiten Mal, um die Welt zu verändern. Die meisten gläubigen Juden denken, der Messias müsse beides gleichzeitig tun. Doch dies ist nicht möglich, weil sich unser, durch den Messias im Heiligen Geist verändertes, Herz und unsere darauf gegründete Gottesbeziehung ja gerade in einer gefallenen, widrigen Welt bewähren müssen.

7 Petrus selbst nennt Jesus in Apg. 3,22 (also direkt im Anschluss an die Stelle, die wir oben näher betrachteten) unter Bezug auf Mose einen Propheten. Die ausführlichsten prophetischen Aussagen Jesu sind in seinen „Endzeitreden" auf jeweils unterschiedliche Weise durch die sog. Synoptiker – Matthäus, Markus und Lukas – überliefert. Wenn man die endzeitlichen Gleichnisse Jesu mit einbezieht – was m. E. sachgemäß ist –, sind dies allein bei Matthäus mehr als zwei Kapitel: 23,37 bis 25,46.

8 Diese messianische Grußformel stammt aus Psalm 118,26 und war weithin als solche bekannt. Sie wurde zum Beispiel beim Einzug Jesu am Palmsonntag auf ihn hin angewandt (Mt. 21,9 und Joh. 12,3) – wenn auch nur vorübergehend.

9 In gewisser Hinsicht leben wir gemäß der Bibel seit Pfingsten in der „Endzeit". Doch gibt es auch innerhalb der weiter gefassten Endzeit, wie wir zum Beispiel aus dem Bild Jesu von den Wehen erkennen können, verschiedene Etappen. Derek Prince hat den Anfang des 20. Jahrhunderts als die entscheidende Zäsur von der Endzeit im allgemeinen zur Endzeit im engeren Sinn des Wortes bezeichnet. Er bezog sich dabei auf das parallele Geschehen der Anfänge einer einzigartigen weltweiten Ausgießung des Heiligen Geistes in Los Angeles, Wales und an vielen anderen Orten, völlig unabhängig voneinander, sowie auf den ähnlich überraschenden und unvorhergesehenen Durchbruch der zionistischen Bewegung, welche die Gründung des modernen Staates Israel einleitete. Quelle: Artikel „Parallele Wiederherstellung" in der Zeitschrift „Wiederherstellung", Herausgeber: Agape-Gemeinschaft, München, 1. Jahrgang, 3. Ausg., 1983.

10 Siehe 1. Kor. 13,12

Kapitel 2

Geliebte um der Väter willen

„Im Blick auf das Evangelium sind sie zwar Feinde um euretwillen; aber im Blick auf die Erwählung sind sie Geliebte um der Väter willen. Denn Gottes Gaben und Berufung können ihn nicht gereuen.“ (Röm. 11,28-29; Luther)

„Die Geschichte der Aussagen des Paulus aus Röm 9-11 ist in der Geschichte der Kirche lange Zeit nicht hinreichend berücksichtigt worden. Röm 9 hat man für die Prädestinationslehre, Röm 10 für die Rechtfertigungslehre herangezogen, und Röm 11 blieb weithin unbeachtet. Erst in jüngster Zeit hat man sich christlicherseits darum bemüht, die Relevanz dieser Aussagen wirklich ernst zu nehmen.“[1]

Den sachlich angemessenen Einstieg für unsere Zeitreise durch die Bibel in Bezug auf Gottes Geschichte mit dem jüdischen Volk bietet uns der Römerbrief, insbesondere die oben zitierte Stelle aus Römer 11,28-29. Um die Bedeutung dieser Aussage besser würdigen zu können, ist es hilfreich, sich etwas näher mit dem Römerbrief im Allgemeinen und den Kapiteln 9-11 im Besonderen zu befassen.

Der Römerbrief gilt in der Kirchen- und Theologiegeschichte als der wirkungsmächtigste Brief schlechthin. Kein anderes Buch des Neuen Testaments hat die Christenheit von Augustinus über Luther bis Karl Barth – um nur einige markante Namen zu nennen – so sehr geprägt wie der Römerbrief. So schrieb etwa der Reformator Martin Luther in seiner Vorrede zu diesem Brief: „Dieser Brief ist das rechte Hauptstück des Neuen Testaments und das allerlauterste Evangelium, welcher wohl würdig und wert ist, dass ihn ein Christenmensch nicht allein Wort für Wort auswendig wisse, sondern täglich damit umgehe als mit einem täglichen Brot für die Seele; denn er kann nimmer zu viel und zu gründlich gelesen oder betrachtet werden. Und je mehr er behandelt wird, desto kostbarer wird er und umso besser schmeckt er."[2]

Wenn wir uns die Sache jedoch etwas genauer ansehen, dann stellen wir fest, dass Luther dabei nicht den ganzen Römerbrief im Blick hat, sondern speziell die Kapitel 1-8. In den Kapiteln 9-11 macht Paulus, so Luther, „einen hübschen kleinen Umweg".[3] Dies ist bezeichnend für das Verständnis – oder besser: das fehlende Verständnis – des Römerbriefes in praktisch dem gesamten Verlauf der Theologiegeschichte.[4]

Ich überzeichne nicht besonders, wenn ich die verbreitete Auffassung in Bezug auf den Römerbrief wie folgt darstelle: In den Kapiteln 1-8 brilliert Paulus mit der universalen und zeitlosen Darstellung des Evangeliums – mit Tiefgang und in größtmöglicher Klarheit. In den Kapiteln 9-11 leistet sich Paulus einen Lapsus, irgendwie hat er wohl den Faden verloren. Er spricht in Rätseln, geheimnisvoll. Ab Kapitel 12 scheint Paulus wieder bei der Sache zu sein, hier ist wieder von Dingen die Rede, die der christlichen Gemeinde wichtig und eine Hilfe sind. Hier kann man in Predigt und Praxis wieder an Römer 1-8 anknüpfen.

In vielen kirchlichen und freikirchlichen Kreisen ist dieses Empfinden bezüglich des Römerbriefes – bewusst oder unbewusst – bis heute vorherrschend. Römer 9-11 wirkt auf viele Prediger und Gemeindeglieder wie ein Fremdkörper. Wenn wir uns jedoch das geschichtliche Umfeld und einige Aussagen des Briefes genauer ansehen, löst sich die Spannung auf und wir können den Hintergrund und die Absicht hinter dem Römerbrief in seiner Gesamtheit besser erkennen.

Die Einheit des Römerbriefes

In der neutestamentlichen Einleitungswissenschaft[5] herrscht weitgehende Übereinstimmung darin, dass der Brief des Paulus an die Römer irgendwann zwischen 55 und 58 geschrieben wurde. Man geht davon aus, dass Paulus mit seinem Brief seinen baldigen Besuch in Rom vorbereiten und die Gemeinde um Unterstützung für seine Weiterreise nach Spanien bitten wollte. Doch wenn man die Geschichte der jungen römischen Gemeinde und den gesamten Brief des Paulus im Lichte dieser Geschichte betrachtet, zeigt sich noch eine weitergehende, tiefere Veranlassung für Paulus, diesen Brief zu schreiben.

Die christliche Gemeinde in Rom ist durch keinen bekannten Apostel oder Prediger gegründet worden. Sie entstand wohl vielmehr durch Juden und sogenannte „Gottesfürchtige", also nichtjüdische Menschen, die dem Judentum zugetan waren, welche das Evangelium in Jerusalem oder andernorts kennen gelernt hatten. Wie in Jerusalem und überall sonst zur damaligen Zeit in der zweiten Hälfte der dreißiger und in den vierziger Jahren des ersten Jahrhunderts, war die römische Gemeinde unter judenchristlicher (heute würde man sagen: „messianischer"[6]) Leitung.

Offenbar verursachte das Evangelium unter den Juden in Rom einiges an Aufruhr. Auf jeden Fall wissen wir,[7] dass Kaiser Claudius im Jahr 49 n. Chr. ein Edikt erließ, welches alle Juden aus Rom vertrieb – auch die an Jesus gläubigen. Zwei davon betroffene Juden sind uns namentlich bekannt: Aquila und Priscilla.[8] Das heißt, mit einem Schlag ist die christliche Gemeinde in Rom um ihre gesamte Leitung und um den judenchristlichen Teil dezimiert und besteht nur noch aus nichtjüdischen Gläubigen. Man muss sich diese dramatische Veränderung in der recht jungen Gemeinde vorstellen. Doch dann, etwa fünf Jahre später, hebt der nächste Kaiser, der junge Nero, kurz nach seiner Ernennung im Jahr 54 dieses Edikt wieder auf.[9] Viele Juden, unter ihnen auch viele Judenchristen, kehrten nach Rom zurück. Man braucht nicht viel Phantasie, um sich vorzustellen, welche Spannungen durch ihre Rückkehr in der innerhalb von 5 bis 6 Jahren völlig veränderten römischen Gemeinde aufbrachen, speziell zwischen nichtjüdischen und jüdischen Gläubigen.

Kurze Zeit später schreibt Paulus seinen Brief an die Gemeinde in Rom – in eben genau diese Situation hinein. In Kapitel 1 legt er eine universale Grundlage für das Evangelium. In den Kapiteln 2 bis 4 erläutert er das Evangelium speziell einem jüdischen Publikum. Immer wieder werden die Juden namentlich angesprochen.[10] Kapitel 5-8 führt das Evangelium dann für Juden wie Nichtjuden gleichermaßen aus.

Und die Kapitel 9 bis 11? Hier wendet sich Paulus gezielt und ausdrücklich an den nichtjüdischen Teil der römischen Gemeinde:[11] *„Euch Heiden aber sage ich: Weil ich Apostel der Heiden bin, preise ich mein Amt, ob ich vielleicht meine Stammverwandten zum Nacheifern reizen und einige von ihnen retten könnte. Denn wenn ihre Verwerfung die Versöhnung der Welt ist, was wird ihre Annahme anderes sein als Leben aus den Toten!"*

Auf diesem Hintergrund fügt sich der gesamte Römerbrief zu einer harmonischen Einheit zusammen: Im ersten Teil (1-8) erläutert er das universale Evangelium unter besonderer Berücksichtung des jüdischen Teils der Gemeinde und ihrer Beziehung zum Gesetz, zu Abraham und zum gesamten jüdischen Hintergrund. Im zweiten Teil (9-11) geht er auf das Dilemma der Ablehnung des Evangeliums durch den größeren Teil des jüdischen Volkes und ihrer dennoch bleibenden Erwählung und Berufung ein und mahnt die nichtjüdischen Glieder der römischen Gemeinde, sich nicht über das jüdische Volk im Allgemeinen und über die jüdischen Gemeindeglieder im Besonderen zu erheben. In Römer 12 hält er die Gemeinde an darauf zu achten, dass jeder Teil dem anderen in Demut und gegenseitiger Wertschätzung – gemäß der ihm verliehenen Gnade und Gabe – dient.[12] Auf dieser Grundlage erfolgen dann die für Paulus im Schlussteil der meisten seiner Briefe charakteristischen Anweisungen an die Gesamtgemeinde in Bezug auf verschiedene Fragestellungen und Lebensbereiche.

Diese innere Einheit und Geschlossenheit des Römerbriefes und auf diesem Hintergrund die eindeutigen Aussagen an die nichtjüdischen Christen in Römer 9-11 sind über weite Teile der Kirchengeschichte in den weitaus meisten Segmenten der Christenheit nicht gesehen worden. Das hatte verheerende Konsequenzen.[13] Möge der Heilige Geist uns heute helfen, den Römerbrief in seiner Gesamtheit zu verstehen und dieses Verständnis in unserem persönlichen und gemeindlichen Leben umzusetzen.

Die bleibende Erwählung und Berufung des jüdischen Volkes

Auf diesem Hintergrund wenden wir uns den drei Kapiteln des Römerbriefes zu, die über Gottes Plan mit dem jüdischen Volk und über die Beziehung der (nichtjüdischen) Gemeinde Jesu zum jüdischen Volk sprechen – Römer 9 bis 11. Es entspricht nicht der Zielsetzung dieses Buches, diese drei Kapitel ausführlich und systematisch zu besprechen.[14] Ich kehre vielmehr nach dem längeren, aber meines Erachtens notwendigen Exkurs über den Römerbrief als solchen zu meiner eigentlichen Absicht zurück, einen angemessenen neutestamentlichen Einstieg in die Grundlinien der gesamtbiblischen Offenbarung des Weges Gottes mit dem jüdischen Volk zu finden.

Wir werden im Verlauf der nachfolgenden Ausführungen immer wieder auf verschiedene Aspekte dieses Mittelteils des Römerbriefes zu sprechen kommen. Deshalb beschränke ich mich an dieser Stelle auf einen kurzen Überblick[15] und auf die letzten Abschnitte von Römer 11.

Paulus beginnt seine Darlegungen in 9,1-5, indem er betont, dass Israel nach wie vor Gottes ausgewähltes Volk ist und dass ihm ein reiches Erbe zuteil geworden ist, das ihm immer noch zusteht. Er führt dann aus (9,6-33), dass die Erwählung und das Erbe Israels nun auch den nichtjüdischen Völkern zugänglich gemacht wurde – aus freier Gnadenwahl Gottes und selbst zu dem Preis, dass sich ein großer Teil Israels an Jesus als dem „Stein des Anstoßes" (V. 32) reibt und diesen gnädigen Weg Gottes – ähnlich wie seinerzeit der Prophet Jona in Bezug auf Ninive – nicht nachvollziehen kann.

Der Apostel betont in voller Schärfe, dass das jüdische Volk für die Ablehnung des Messias, für die Ablehnung der Predigt des Evangeliums und für ihre widerspenstige Auflehnung gegenüber Gottes souveräne Erwählung der Gemeinde aus den nichtjüdischen Nationen vor Gott voll verantwortlich ist (10,1-21). Gleichwohl hat Gott sein Volk nicht verstoßen (11,1-10). Dies zeigt sich zum einen daran, dass jetzt schon ein Teil Israels Gottes Gnadenangebot angenommen hat (V. 7). Dies zeigt sich aber auch an Gottes offensichtlicher Absicht, den nichtjüdischen Teil der Gemeinde Jesu als Ansporn zu benutzen, um die „ausgebrochenen Zweige" – das von Jesus und seinem biblischen Erbe entfremdete Judentum (siehe z. B. Röm. 9,4-5) – wieder in den „edlen Ölbaum" einzupfropfen (11,11-24). Und dies zeigt sich vor allem daran, dass schließlich das jüdische Volk in seiner Gesamtheit den Messias annehmen wird (11,25-31). Über dieser Erkenntnis von Gottes Erbarmen und Souveränität bricht Paulus in Anbetung aus (32-36).

Soweit der kurze Überblick über den spannungsgeladenen Argumentationsbogen des Apostels in Römer 9-11. Wenden wir uns auf diesem Hintergrund dem Schlussteil von Paulus' Ausführungen zu, insbesondere den Versen 25-29 von Kapitel 11:

> *„Denn ich will nicht, Brüder, dass euch dieses Geheimnis unbekannt sei, damit ihr nicht euch selbst für klug haltet: Verstockung ist Israel zum Teil widerfahren, bis die Vollzahl der Nationen hineingekommen sein wird; und so wird ganz Israel errettet werden, wie geschrieben steht:*[16] *„Es wird aus Zion der Erretter kommen, er wird die Gottlosigkeiten von Jakob abwenden; und dies ist für sie der Bund von mir, wenn ich ihre Sünden wegnehmen werde." Hinsichtlich des Evangeliums sind sie zwar Feinde um euretwillen, hinsichtlich der Auswahl (Luther übersetzt: „Erwählung"; Anm. d. A.) aber Geliebte um der Väter willen. Denn die Gnadengaben und die Berufung Gottes sind unbereubar (bzw.: unwiderruflich*[17]*)."*

Dies ist der Zielpunkt der gesamten Ausführungen des Paulus in den vergangenen drei Kapiteln, die Spitze seiner Argumentation: In Bezug auf das Evangelium sind die Juden Gottes Feinde geworden, aber ihre Berufung und die zukünftige Errettung und Erfüllung aller Absichten und Verheißungen Gottes mit ihnen und durch sie bleiben davon unberührt. Und besonders wichtig ist die Begründung: Sie bleiben – als Feinde des Evangeliums! – Gottes *„Geliebte um der Väter willen"*.

Diese Aussage ist von ungeheurer Tragweite. Hier wird der entscheidende Grund dafür genannt, warum Gott das jüdische Volk, trotz allen Starrsinns und Fehlverhaltens im Verlauf seiner etwa viertausendjährigen Geschichte, trotz der mehrheitlichen Ablehnung des Evangeliums und des Messias Jesus und trotz der tiefgehenden Aversion gegen die Gemeinde Jesu im Verlauf der letzten zweitausend Jahre, nicht von seinen liebevollen und verheißungsvollen Plänen mit ihm abgeschnitten hat. Sie sind und bleiben – unwiderruflich! – seine

Geliebten um der Väter willen. Diese Aussage gilt es nun tiefer zu ergründen und besser zu verstehen, wenn wir überhaupt etwas von Gottes Wegen mit dem jüdischen Volk verstehen wollen.

Anmerkungen

1 Ferdinand Hahn (Hg.), *Die Verwurzelung des Christentums im Judentum – Exegetische Beiträge zum christlich-jüdischen Gespräch,* Neukirchen-Vluyn: Neukirchener Verlag, 1996, S. 97.

2 Zitiert aus: Erich Mauerhofer, *Einleitung in die Schriften des Neuen Testaments 2 – Römer-Offenbarung,* Holzgerlingen: Hänssler, 2. Aufl., 1999, S. 101. Als Quellenangabe für dieses Zitat wird genannt: M. Luther, Vorrede zum Römerbrief, zit. nach Luther Deutsch, hg. von Kurt Aland, Bd. 5, Klotz: Stuttgart; Vandenhoeck & Ruprecht: Göttingen, 1963, 2. Aufl., S. 45.

3 Zitiert aus: Gerhard Hörster, *Bibelkunde und Einleitung zum Neuen Testament,* Wuppertal, Brockhaus, 1. Taschenbuchauflage, 1998, S. 177.

4 Siehe einleitendes Zitat von Ferdinand Hahn, a.a.O.

5 Damit ist die wissenschaftliche Untersuchung der sogenannten „Einleitungsfragen“ gemeint, die etwa das historische Umfeld, Fakten über den Autor, den Abfassungsort, die Abfassungszeit sowie spezifische inhaltliche, literarische oder stilistische Besonderheiten des jeweiligen biblischen Dokuments zum Thema haben.

6 Mit „messianische“ Christen bezeichnet man Juden, die an Jesus als ihren Messias glauben, ohne sich deswegen von ihrem Jüdischsein abzuwenden.

7 Näheres dazu z. B. in Erich Mauerhofer, Einleitung 2, a.a.O., S. 104.

8 Apg. 18,2: „… einen Juden mit Namen Aquila, aus Pontus gebürtig; der war mit seiner Frau Priscilla kürzlich aus Italien gekommen, weil Kaiser Klaudius allen Juden geboten hatte, Rom zu verlassen.“

9 Der Grund dafür könnte die enge, wohlwollende Beziehung seiner Mätresse und späteren Frau Poppaea Sabina zu jüdischen und wohl auch judenchristlichen Kreisen sein. Näheres unter „Nero“ in: *Das große Bibellexikon,* Band 4, M-P, Wuppertal, Gießen: Brockhaus/Brunnen, S. 1623-1626.

10 Zum Beispiel in Röm. 2,17ff; 3,1; 3,9; indirekt auch in 4,1ff – der gesamte Argumentationsaufbau in diesen Kapiteln richtet sich nicht an Heiden auf dem Hintergrund griechisch-römischer Vielgötterei, sondern an Juden, die mit dem Gesetz vertraut sind und sich auf Abraham als ihren Stammvater berufen.

11 Der griechische Begriff, den Luther mit „Heiden“ übersetzt, heißt *ethnoi*, von dem unser Fremdwort „ethnisch“ abgeleitet ist. Damit sind die nichtjüdischen Völker in ihrer Gesamtheit gemeint. Für weitere Hinweise in Bezug auf den Zusammenhang von den „Völkern und Israel“ verweise ich auf die Artikel „Volk Gottes“ und „Völkertafel“ in: *Das große Bibellexikon*, a.a.O., S. 2555-2561.

12 Dieser Grundgedanke von Röm. 12 wird im zweiten Teil von Röm. 15 nochmals aufgegriffen und konkretisiert, wo es u. a. heißt (V. 7-9): „Darum nehmt einander an, wie Christus euch angenommen hat zu Gottes Lob. Denn ich sage: Christus ist ein Diener der Juden geworden um der Wahrhaftigkeit Gottes willen, um die Verheißungen zu bestätigen, die den Vätern gegeben sind; die Heiden aber sollen Gott loben um der Barmherzigkeit willen, wie geschrieben steht (Ps. 18,50): ‚Darum will ich dich loben unter den Heiden und deinem Namen singen‘“ (Luther, 1984).

13 Siehe auch meinen Beitrag „900 Jahre Antisemitismus in Deutschland“ in *Erhebt eure Stimmen*, Verlag Gottfried Bernard, Solingen 1999.

14 Es sei hierzu auf die sehr empfehlenswerte Darstellung des deutschen, seit 1994 in Israel lebenden Journalisten und Bibellehrers Johannes Gerloff verwiesen: *Verflucht und von Christus getrennt – Israel und die Heidenvölker. Eine Studie zu Römer 9-11*, Holzgerlingen: Hänssler, 2. Aufl., 2004.

15 Ich lehne mich dabei an den Gliederungsvorschlag von Gerhard Hörster, *Bibelkunde*, a.a.O., S. 173 an.

16 Der kurze Hinweis sei hier erlaubt, dass wir in diesem Vers eine deutliche Verbindung zwischen der Erfüllung des Missionsbefehls und der Erfüllung von Gottes Absichten mit Israel erkennen können. Hier verbinden sich deutlich zwei der drei endzeitlichen Hauptstränge biblischer Prophetie.

17 So übersetzt z. B. Hans Bruns, *Das Neue Testament, übertragen und erklärt von Hans Bruns*, Gießen/Basel: Brunnen, 15. Auflage 1982.

Teil 2

Die sieben Meilensteine

Kapitel 3

Der Abrahambund – der erste Meilenstein

„Er ist der Herr, unser Gott! Auf der ganzen Welt hat er das letzte Wort. Niemals vergisst er seinen Bund mit uns, sein Versprechen, das er gab. Es gilt auch allen Generationen nach uns, selbst wenn es tausend sind. Schon mit Abraham schloss er diesen Bund; er schwor auch Isaak, sich daran zu halten. An Jakob bestätigte er ihn als feste Ordnung, ja, als unkündbares Bündnis für ganz Israel.“ (Ps. 105,7-10; Hoffnung für alle[1])

„Abraham war eine zentrale Gestalt in Gottes Segensplan für die gesamte Menschheit. Er sollte der Stammvater von Gottes auserwähltem Volk – den Juden – werden, für die Gott ein Land bereithält – nämlich Israel.“[2]

Wenn Paulus in Römer 11,28 von den „Vätern“ spricht, dann meint er damit im Zusammenhang mit der Bündnistreue Gottes, von der an dieser Stelle die Rede ist, die drei so genannten „Erzväter Israels“, Abraham, Isaak und Jakob (letzterer von Gott später in „Israel“ umbenannt).[3] Dieses Bündnis mit den Erzvätern, insbesondere der grundlegende Bund mit Abraham, ist der Schlüssel zum Verständnis der Aussage des Paulus, dass Gott dem jüdischen Volk seine Liebe und seine Verheißungen nicht entzieht, obwohl es sich zu seinem

Feind gemacht hat. Es lohnt sich, diesen Abraham-Bund – und die ihm vorausgehenden Verheißungen – näher anzuschauen. Dies ist der erste Meilenstein auf unserer Zeitreise durch die Bibel bei dem Versuch, Gottes Weg mit dem jüdischen Volk besser zu verstehen.

Gottes Verheißungen: Der Code in Israels Genetik

Als Gott Abraham in 1. Mo. 12,1 anredet, endet eine lange Periode des Schweigens Gottes gegenüber der Menschheit nach der Sintflut. Dem langen Schweigen folgt ein weit reichender Epochewechsel. Gott hat sich entschieden, nicht mehr durch markante Einzelpersönlichkeiten wie Henoch, Noah, Hiob und andere zur Menschheit zu sprechen, sondern von nun an durch ein *Volk*: ein Volk, dem er seinen Willen offenbart und an dem er seinen Charakter und seine Macht erweisen will. Ähnlich wie nach einer langen Zeit des Schweigens am Ende des alttestamentlichen Zeitalters durch das (erste) Kommen Jesu ein einschneidender Epochewechsel stattfand, geschah dies rund 2000 Jahre früher durch Gottes Handeln an Abraham und durch dessen Vertrauen Gott gegenüber. Das ist der bedeutungsvolle Hintergrund von 1. Mo. 12,1-3:

> *„Und der HERR sprach zu Abram: Geh aus deinem Land und aus deiner Verwandtschaft und aus dem Haus deines Vaters in das Land, das ich dir zeigen werde! Und ich will dich zu einer großen Nation machen, und ich will dich segnen, und ich will deinen Namen groß machen, und du sollst ein Segen sein! Und ich will segnen, die dich segnen, und wer dir flucht, den werde ich verfluchen; und in dir sollen gesegnet werden alle Geschlechter der Erde!“*

In diesen wenigen Worten am Beginn einer neuen Epoche legt Gott gleichsam den DNS-Code, die Genetik seiner *Herausforderungen* an Israel, seiner *Verheißungen* für Israel und seiner *Schutzbestimmungen* in Bezug auf Israel an. Nichts von diesen drei Dingen sollte jemals seine Gültigkeit verlieren.

Die *Herausforderung* war und ist, Gott zu vertrauen und ihm zu gehorchen. Abraham tat dies und das rechnete Gott Abraham „zur

Gerechtigkeit“ an.[4] Die *Verheißung* an Abraham und seine Nachkommen war: (1) Sie sollten ein bedeutendes Volk werden, (2) sie sollten ein bestimmtes Land zum ewigen Erbe bekommen und (3) sie sollten ein Segen für alle Völker sein. Und die *Schutzbestimmung* in Bezug auf Israel lautet: Wer dich segnet, wird gesegnet, wer dir flucht, der wird verflucht. Dies bezieht sich insbesondere auch auf die Nationen – darauf werden wir noch zu sprechen kommen.

Konzentrieren wir uns im Moment auf Gottes Verheißungen an Abraham und seine Nachkommen: ein Volk, ein Land und eine hohe Berufung.

Schon hier sei betont: Gott hat in der gesamten Heiligen Schrift nicht ein Jota von diesen drei Verheißungen an Israel rückgängig gemacht! Keiner der zahlreichen biblischen Propheten, die Gericht über Israel prophezeit haben – von Mose angefangen bis hin zu Jesus selbst (wie wir noch sehen werden) – ist so weit gegangen, zu verkündigen, dass das Volk Israel *für immer* von dem Land verstoßen werden würde, das Gott Abraham und seinen Nachkommen versprochen hat. Keiner der Propheten, so furchtbar und drastisch ihre Gerichtsankündigungen häufig auch gewesen sein mögen, hat jemals prophezeit, dass Gott dieses Volk *völlig und dauerhaft* auslöschen würde – im Gegensatz zu zahlreichen Prophezeiungen dieser Art gegenüber Israels feindlich gesinnten Nachbarvölkern. Und keiner der Propheten, die Gottes Zucht und hartes Gericht über Israel angekündigt haben, vergaß zu erwähnen, dass nach den Gerichtszeiten – wie lang und wie heftig sie auch immer sein mochten – *wieder eine Heilszeit* für Israel anbrechen und Gott seine Segensabsichten mit seinem Volk umsetzen wird.[5]

Was nun gab und gibt Abraham und seinen Nachkommen die Gewissheit, dass Gott zu den drei genannten Verheißungen stehen wird? Diese Frage trieb schon Abraham selbst um. Es ist ein erstaunliches Charakteristikum der Bibel, dass es die Fehler, Schwächen und Sünden seiner Helden nicht verdeckt oder verharmlost. Auch Abraham, der Vater des Glaubens, wurde gelegentlich schwach im Glauben. Zum Beispiel in 1. Mo. 15,2, als er nach einer ermutigenden Anrede Gottes zaudernd vor ihm stand und resigniert fragte: „Herr, mein Herr, was willst du mir schon geben? Ich gehe doch kinderlos dahin, und Erbe meines Hauses ist Eliëser aus Damaskus.“[6]

Was war Gottes Antwort auf Abrahams Verzagtheit? Es war die gleichzeitig liebevollste und kraftvollste Antwort, die der allmächtige

Gott je hätte geben können. Wir finden diese Antwort im weiteren Verlauf des 15. Kapitels, das mit den Satz endet: *„An diesem Tag schloss der Herr einen Bund mit Abram ...“* (V. 18ff).

Der Abraham-Bund: Grundlage und Garantie von Gottes Verheißungen an Israel

Gottes Bund mit Abraham (der damals noch „Abram“ hieß) hat sehr charakteristische Merkmale, die man kennen und verstehen muss, um diesen Bund angemessen würdigen zu können. Wir werden auch sehen, dass es diese spezifischen Merkmale des Bundes Gottes mit Abraham und dessen Nachkommen sind, auf die sich Paulus in Römer 11 argumentativ beruft. Die volle Bedeutung dieser Bundeszeremonie erschließt sich einem nur dann, wenn man sie inhaltlich nachvollziehen kann. Darum wollen wir sie näher betrachten. Nachdem Gott Abraham zugesichert hatte, dass dessen eigenes Fleisch und Blut ihn beerben wird, unterstrich er dieses Versprechen folgendermaßen (1. Mo. 15,5-10):

> *„Und er führte ihn hinaus und sprach: Blicke doch auf zum Himmel, und zähle die Sterne, wenn du sie zählen kannst! Und er sprach zu ihm: So zahlreich wird deine Nachkommenschaft sein! Und er glaubte dem HERRN; und er rechnete es ihm als Gerechtigkeit an. Und er sprach zu ihm: Ich bin der HERR, der ich dich herausgeführt habe aus Ur, der Stadt der Chaldäer, um dir dieses Land zu geben, es in Besitz zu nehmen. Und er sagte: Herr, HERR, woran soll ich erkennen, dass ich es in Besitz nehmen werde? Da sprach er zu ihm: Bring mir eine dreijährige Jungkuh, eine dreijährige Ziege und einen dreijährigen Widder, eine Turteltaube und eine junge Taube. Und er brachte ihm alle diese. Und er zerteilte sie in der Mitte und legte je einen Teil dem anderen gegenüber. Die Vögel aber zerteilte er nicht.“*

Wir finden hier eine Bundeszeremonie beschrieben, wie sie in jenem Teil der Welt damals weit verbreitet war.[7] Zwei Parteien, das konnten Einzelpersonen, Familien oder ganze Sippen bzw. Stämme sein, schlossen auf diese Weise einen Bund miteinander – in der

Regel, um sich gegenseitig stärkeren Schutz gegen gemeinsame Feinde zu sichern.

Im Rahmen dieser Zeremonie zerteilte man bestimmte Opfertiere oder schlachtete zwei von den kleinen Tieren und ordnete sie so an, dass sie eine Art Durchgang bildeten, durch den die Bündnispartner hindurchschritten. Indem sie dies taten, erklärten sie voreinander und vor gegebenenfalls anwesenden Zeugen: „Alles, was ich bin und habe, ist dein. Wann immer du mich oder meine Ressourcen brauchst, sollen sie dir uneingeschränkt zur Verfügung stehen. Und sollte ich meinen Teil des Bundesschlusses nicht einhalten, dann soll mein Schicksal das dem getöteten Tier gleichen. Dann habe ich mein Leben verwirkt."

Aus dieser kurzen Beschreibung lassen sich die Hauptmerkmale dieser Art von antikem Bundesschluss erkennen. Diese Art von Bund ist:

- zweiseitig
- umfassend
- unkündbar

Diese Art von Bund hat Gott dem Abraham gegenüber initiiert. Abraham tat, was Gott sagte, und bereitete den Bundesschluss vor. Soweit lief alles im üblichen Rahmen. Doch dann geschahen einige Dinge, die nicht vorgesehen waren.

Zunächst wurde die Bundeszeremonie von Raubvögeln gestört (V. 11). Im Buch der Offenbarung[8] gibt es einen biblischen Hinweis dahingehend, dass Vögel auch ein Bild für unreine Finsternismächte sein können. Es ist aus meiner Sicht mehr als Spekulation, dass geistliche Mächte hinter den Attacken der in Vers 11 erwähnten Raubvögel gestanden haben könnten – Mächte, die von Anfang an daran interessiert waren, diesen Bund Gottes mit Abraham und dem jüdischen Volk zu verhindern. Wer diese Sichtweise teilt, der wird vielleicht auch mit mir darin übereinstimmen, dass die gleichen Finsternismächte, die damals, vor etwa viertausend Jahren, im Hintergrund aktiv waren, bis heute nicht ruhen, die Bundesbeziehung Gottes zum jüdischen Volk und alle damit verbundenen Verheißungen – bezüglich Volk, Land und geistlicher Berufung – zu hintertreiben.[9] Doch Abraham passte auf und vertrieb die Vögel.

Dann kam die nächste Überraschung: Noch ehe er seinen Teil der Bundeszeremonie vollziehen konnte, heißt es, „fiel ein tiefer Schlaf auf Abram …“ (V. 12). Dieser Schlaf war kein natürlicher Schlaf, sondern ein gottgewirkter Zustand. Gott sprach zu Abraham prophetisch über wichtige, in der Zukunft liegende Ereignisse. Abraham bekam uneingeschränkt mit, was sich im Rahmen der Bundeszeremonie weiter abspielte. Beides hat sich tief in Abraham eingeprägt – sonst hätte er es der Nachwelt nicht überliefern können.

Gottes prophetisches Reden zu Abraham war präzise und weit reichend:

> *„Und er sprach zu Abram: Ganz gewiss sollst du wissen, dass deine Nachkommenschaft Fremdling sein wird in einem Land, das ihnen nicht gehört; und sie werden ihnen dienen, und man wird sie unterdrücken vierhundert Jahre lang. Aber ich werde die Nation auch richten, der sie dienen; und danach werden sie ausziehen mit großer Habe. Du aber, du wirst in Frieden zu deinen Vätern eingehen, wirst in gutem Alter begraben werden. Und in der vierten Generation werden sie hierher zurückkehren; denn das Maß der Schuld des Amoriters ist bis jetzt noch nicht voll.“*

Damit war die Geschichte von Abrahams Enkel Jakob bis hin zu Mose und Josua im Kern schon prophetisch vorgezeichnet. Und was geschah danach? Als Gott sein prophetisches Reden zu Abraham beendet hatte – schloss er mit ihm den Bund:

> *„Und es geschah, als die Sonne untergegangen und Finsternis eingetreten war, siehe da, ein rauchender Ofen und eine Feuerfackel, die zwischen diesen Stücken hindurchfuhr. An jenem Tag schloss der HERR einen Bund mit Abram und sprach: Deinen Nachkommen habe ich dieses Land gegeben.“*

Gott selbst kam hernieder und nahm sichtbar Gestalt an – die typische Gestalt seiner manifesten Gegenwart: Rauch und Feuer.[10] Und in dieser sichtbaren Gestalt ging er – *Gott selbst* – durch dieses „Spalier“ aus geschlachteten Opfertieren hindurch. Und Abraham?

Abraham war Zeuge dieses Geschehens – vollzog diesen Bundesschluss selbst aber nicht. Gott ließ es nicht zu! Ganz im Gegensatz zur sonst üblichen Vorgehensweise bei derartigen Bundesschlüssen war dieser Bund, dadurch, dass nur einer der beiden Beteiligten durch den Opfergang hindurchging, kein zweiseitiger, sondern ein *einseitiger* Bund.

Diese Tatsache ist von größter Bedeutung und hat weitreichende Konsequenzen, von denen einige genannt werden sollen: Dadurch, dass Gott allein diesen Bund nicht nur initiierte, sondern auch bindend vollzog, garantiert *er alleine* für die Erfüllung dieses Bundes und aller damit zusammenhängenden Verheißungen. Anders ausgedrückt: Die Erfüllung dieses Bundes ist *nicht* davon abhängig, ob Abraham oder seine Nachkommen ihren Teil des Bundes einhalten, ist also auch *nicht* abhängig von deren Wohl- oder Fehlverhalten. Gott *alleine* bürgt mit seinem Namen, seinem Charakter und seiner Ehre dafür, dass die an diesen Bund geknüpften Verheißungen in Existenz treten und ihre Erfüllung finden. Er verpflichtet sich mit allem, was er ist und was er hat, dazu – und wenn es ihn das höchste Gut kosten sollte, das in der damaligen Welt vorstellbar war – den einzigen Sohn.

Das heißt, wir müssen die eben dargelegten Eigenschaften in Bezug auf diese Art des Bundesschlusses für diesen einzigartigen Ausnahmefall mit Abraham und dem jüdischen Volk abändern: Hierbei handelt es sich nicht um einen zweiseitigen, sondern um einen *einseitigen* Bund.

Und ich möchte noch ergänzen: Dadurch, dass der Bund einseitig auf Gottes Seite gründet, ist er ein bedingungsloser Bund[11] – mithin ein Gnadenbund. Als solcher ist er einzig vergleichbar mit dem Bund, den Gott später der gesamten Menschheit eröffnen sollte, den Gnadenbund auf der Grundlage des stellvertretenden Sühnetodes Jesu.

Führen wir uns die Charakteristika des Abrahambundes noch einmal vor Augen. Der Abrahambund ist

- ein einseitiger Bund
- ein bedingungsloser (Gnaden-)Bund
- ein umfassender Bund
- ein unkündbarer, ewiger Bund

Mit diesem Bund hat sich Gott verpflichtet, Israel in Bezug auf die drei Verheißungen ans Ziel zu bringen, die er Abraham von Anfang an gegeben hatte: Die Verheißungen einer großen Nachkommenschaft, die Verheißung eines bestimmten Landes und die Verheißung einer hohen Berufung innerhalb der Völkerwelt.

Bekräftigung des Bundes gegenüber Isaak und Jakob

Und als würde dies nicht schon genügen, hat er diesen Bund mit Abraham gegenüber dessen Nachkommen Isaak und Jakob jeweils noch einmal bekräftigt. Zunächst gegenüber Abrahams „Sohn der Verheißung",[12] Isaak:

> *„Halte dich als Fremder auf in diesem Land! Und ich werde mit dir sein und dich segnen; denn dir und deinen Nachkommen werde ich alle diese Länder geben, und ich werde den Schwur aufrecht erhalten, den ich deinem Vater Abraham geschworen habe." (1. Mo. 26,3)*

Und eine Generation später gegenüber Jakob:

> *„Und er träumte: und siehe, eine Leiter war auf die Erde gestellt, und ihre Spitze berührte den Himmel; und siehe, Engel Gottes stiegen darauf auf und nieder. Und siehe, der HERR stand über ihr und sprach: Ich bin der HERR, der Gott deines Vaters Abraham und der Gott Isaaks; das Land, auf dem du liegst, dir will ich es geben und deiner Nachkommenschaft. Und deine Nachkommenschaft soll wie der Staub der Erde werden, und du wirst dich ausbreiten nach Westen und nach Osten und nach Norden und nach Süden hin; und in dir und in deiner Nachkommenschaft sollen gesegnet werden alle Geschlechter der Erde." (1. Mo. 28,12-14)*

Dies ist das Fundament, das Gott für seine Beziehung zum jüdischen Volk gelegt hat – ein einseitiger, bedingungsloser, umfassender und ewiger Bund mit Israels Erzvätern Abraham, Isaak und Jakob.[13]

Exakt darauf beruft sich der gelehrte, geisterfüllte jüdische Rabbiner und urchristliche Apostel Paulus, wenn er an entscheidender Stelle sagt: „*Hinsichtlich des Evangeliums sind sie zwar Feinde um euretwillen, hinsichtlich der Auswahl aber Geliebte um der Väter willen. Denn die Gnadengaben und die Berufung Gottes sind unbereubar.*“[14]

Wie aber passt dieser großartige Gnadenbund mit der Tatsache zusammen, dass es wohl kein Volk in der Menschheitsgeschichte gab, dass so viel Not und Leid, biblisch gesprochen: so viel Zucht und Gericht Gottes erdulden musste wie das jüdische Volk?

Um dies besser zu verstehen, müssen wir einen nächsten, den zweiten Meilenstein auf Gottes Weg mit dem jüdischen Volk näher betrachten, auch hier wieder ein Bund, der Sinaibund, geschlossen mit Mose.

Anmerkungen

1 *Hoffnung für alle* – Die Bibel, Colorado Springs: International Bible Society, 1986, 1996, 2002, übersetzt und herausgegeben durch Brunnen Verlag Basel, Schweiz.

2 Ulf Ekman, *Die Juden, das Volk der Zukunft*, Rinteln: Jesus!Gemeinde Verlag, 1999, S. 7.

3 Fritz Rienecker, *Sprachlicher Schlüssel zum Neuen Testament*, Gießen: Brunnen, 20. Aufl., 1997, S. 335, bestätigt, dass in Röm. 9,5, 11,28 und 15,8 nicht die Väter im Allgemeinen, sondern die „Patriarchen“ (Erzväter) im Besonderen gemeint sind.

4 Diese weit reichenden Worte wurden zum ersten Mal in 1. Mo 15,6 im Zusammenhang mit dem Bundesschluss Abraham gegenüber ausgesprochen: „Und er glaubte dem HERRN; und er rechnete es ihm als Gerechtigkeit an.“ Von Paulus wurde das Glaubensvorbild Abrahams – sowohl als Kennzeichen wie auch als Kriterium – ausgedehnt auf die Gläubigen im Neuen Bund (s. Röm. 4,3 und Gal. 3,6). Unter Luther schließlich wurde diese Linie in die Reformation hinein fortgesetzt, indem er – sich auf Abraham und Paulus berufend – die „Rechtfertigung aus dem Glauben“ (und nicht aus Werken) als eine Zentralaussage herausstellte.

5 Es ist äußerst wichtig zu verstehen, dass alle Gerichte Gottes über Israel zeitlich und inhaltlich begrenzte Gerichte und keine absoluten, unwiderruflichen Gerichte im Sinne einer endgültigen Vertreibung aus dem Land,

einer völligen Auslöschung des Volkes oder einer unwiederbringlichen „Enterbung" Israels von Gottes positiven Verheißungen sind. Tragischerweise wurde gerade dies im Verlauf der Kirchengeschichte zur gängigen Lehre, die noch heute für viele Kirchen und Freikirchen – bewusst oder latent – prägend ist. Der zeitliche Aspekt ist hierbei von größter Bedeutung! Gottes Zucht und Strafgericht bezüglich Israel waren alles Gerichte auf (manchmal lange) Zeit – *niemals* jedoch für immer!

6 *Einheitsübersetzung der Heiligen Schrift*, 1980, Katholische Bibelanstalt

7 Siehe zum Thema „Bund" etwa den entsprechenden Artikel in *Das große Bibellexikon,* Teil 1, a.a.O., S. 317-323.

8 Offb. 18,2: „Und er rief mit mächtiger Stimme: Sie ist gefallen, sie ist gefallen, Babylon, die Große, und ist eine Behausung der Teufel geworden und ein Gefängnis aller unreinen Geister und ein Gefängnis aller unreinen Vögel und ein Gefängnis aller unreinen und verhassten Tiere."

9 Ich persönlich deute die Finsternismächte, die an dieser Stelle im Hintergrund geistlich wirksam waren, als jene übernatürlichen geistlichen „Mächte und Gewalten" (vergl. Eph. 6,12) des Antisemitismus und Antijudaismus, die durch alle Zeiten hindurch im Hintergrund wirksam waren, wenn es darum ging, dem jüdischen Volk Leid und Schaden zuzufügen und es von der Erfüllung von Gottes Verheißungen fern zu halten.

10 An dieser Stelle manifestiert sich Gott gewissermaßen im „Kleinformat" als rauchender Ofen und brennende Fackel. In der Gestalt von Feuer und/oder Rauch (bzw. Wolke) sollte sich Gott dem Volk Israel in späteren Zeiten noch öfter auf sichtbare Weise zeigen – zum Beispiel bei der Wüstenwanderung, wo seine manifeste Gegenwart in Gestalt der Feuer- und der Wolkensäule dem Volk den Weg wies (2. Mo. 13,17ff), oder während des Bundesschlusses am Berg Horeb im Sinai (2. Mo. 20,18) und nicht zuletzt in etwas abgewandelter Form während der Einweihung des ersten Tempels durch König Salomo (1. Kö. 8,11; hier ist nur die Wolke erwähnt) und zu Pfingsten (s. Apg. 2,3; hier sind nur die Feuerzungen erwähnt – und ein starker Wind).

11 Dass der Bund ein bedingungsloser Gnadenbund ist, bedeutet nicht, dass Gott keine Antwort auf diese bedingungslose Gnade erwartet. Er erwartet sehr wohl eine Antwort – eine Antwort der Dankbarkeit und der Hingabe. Im Zusammenhang mit dem Abrahambund ist das Zeichen der Anerkennung des Bundes und der Hingabe, das Gott dafür einsetzte, die Beschneidung (1. Mo. 17) – im Neuen Testament die Taufe (Römer 6) mit dem wesentlichen Unterschied, dass man im AT durch die (physische) Geburt, im NT durch die (geistliche) Wiedergeburt dem jeweiligen Bundesvolk zugefügt wird.

12 Diese Formulierung ist bedeutsam, denn Abraham hatte ja zwei Söhne,

Ismael und Isaak. Die Bibel macht deutlich, dass auch Ismael und die aus Ismael hervorgegangenen arabischen Völker positive Verheißungen haben (z. B. Jes. 19,18ff). Aber was die spezifischen Verheißungen betrifft, die Gott dem Abraham in 1. Mo. 12,1-3 gegeben hat: Diese beziehen sich unmissverständlich auf Isaak, wie wir nachlesen können: „Und Abraham sagte zu Gott: Möchte doch Ismael vor dir leben! Und Gott sprach: Nein, sondern Sara, deine Frau, wird dir einen Sohn gebären. Und du sollst ihm den Namen Isaak geben! Und ich werde meinen Bund mit ihm aufrichten zu einem ewigen Bund für seine Nachkommen nach ihm. Aber auch für Ismael habe ich dich erhört: Siehe, ich werde ihn segnen und werde ihn fruchtbar machen und ihn sehr, sehr mehren. Zwölf Fürsten wird er zeugen, und ich werde ihn zu einer großen Nation machen. Aber meinen Bund werde ich mit Isaak aufrichten, den Sara dir im nächsten Jahr um diese Zeit gebären wird“ (1. Mo. 17,18-21). Dies ist deshalb so bedeutsam, weil der Koran geschichtsfälschend behauptet, nicht Isaak, sondern Ismael sei der Sohn der Verheißung.

13 Jakob = Israel.

14 Röm. 11,28f.

Kapitel 4

Der Sinaibund – der zweite Meilenstein

„Ich rufe heute den Himmel und die Erde als Zeugen gegen euch auf: das Leben und den Tod habe ich dir vorgelegt, den Segen und den Fluch! So wähle das Leben, damit du lebst, du und deine Nachkommen, indem du den Herrn, deinen Gott, liebst und seiner Stimme gehorchst und ihm anhängst! Denn das ist dein Leben und die Dauer deiner Tage, dass du in dem Land wohnst, das der Herr deinen Vätern, Abraham, Isaak und Jakob, geschworen hat, ihnen zu geben.“[1]

„Der Bund eröffnet mit seinen Bestimmungen die Möglichkeit der Übertretung und der Sünde mit der Konsequenz des Gerichts und der Strafe. Ein weiteres wichtiges Merkmal des Bundes bilden Verheissung und Erwartung.“[2]

Aus den Uranfängen Israels in der Beziehung Gottes zu den Erzvätern heraus entwickelte sich das in seinen Grundzügen angelegte Gottesvolk gemäß Gottes prophetischer Schau, die er dem Abraham während des Bundesschlusses gegeben hatte: Israels (Jakobs) Familie kam durch eine Hungersnot nach Ägypten und wurde dort auf Grund der vorbereitenden, souveränen Führung Gottes im Leben von Josef wohlwollend aufgenommen. In der Fremde entwickelte sich die Sippe Jakobs zu einem großen Volk.

Doch im Laufe der Zeit schwand die Erinnerung an Josef und seine Leistungen, und das Wohlwollen, das die Hebräer in der Fremde genossen hatten, wandelte sich in Ablehnung und schließlich in Missbrauch und Sklaverei.[3] Auf dem Höhepunkt der Not und Verzweiflung, als der Pharao Ägyptens befahl, dass alle hebräischen Jungen getötet werden sollten, da das hebräische Volk überhand nahm, erweckt Gott in Mose einen Retter. Dieser führte schließlich das Volk Israel unter Erweisung vieler Machttaten Gottes aus Ägypten in die Wüste Sinai, von wo aus sie in das verheißene Land kommen sollten. Dort, in der Wüste, schloss Gott mit dem Volk einen weiteren Bund – den Sinaibund.

Genau genommen schloss Gott diesen Bund mit dem Volk Israel zweimal, zum ersten Mal am Berg Horeb am Anfang der Wüstenwanderung (2. Mo. 20 u. 24), zum zweiten Mal etwa 40 Jahre später, am Ende des Dienstes und Lebens Mose, kurz vor dem Einzug ins verheißene Land (5. Mo. 26,16 bis 30,20). Es handelt sich beide Male um den gleichen Bund.[4] Wir konzentrieren uns auf die Neuauflage des Bundes – neben der Übergabe der Leitung an Josua die letzte der vielen Großtaten Mose für das Volk Israel.

Was nun sind die Merkmale des Sinaibundes?[5] Worin gleicht er dem Abrahambund, worin unterscheidet er sich und wie passen beide Bündnisse zusammen?

Die Hauptunterschiede zwischen dem Abrahambund und dem Sinaibund

Beginnen wir mit den Unterschieden. Es gibt vier wesentliche und weit reichende Unterschiede zwischen dem Abraham- und dem Sinaibund.

Der Inhalt des Sinaibundes

Inhaltlich ging es, wie wir schon sahen, beim Abrahambund um die Kernverheißungen, die Gott dem jüdischen Volk gegeben hat: um die göttliche Existenzberechtigung des jüdischen Volkes, um das Besitzrecht über ein bestimmtes Land und um die Berufung, ein Segen für alle Völker zu sein.

Worum geht es inhaltlich beim Sinaibund? Das große Thema ist „Segen oder Fluch". Das ganze Kapitel 28 handelt davon, und auch die einleitend zitierte Schlusspassage der Bundeszeremonie bringt diese Tatsache auf den Punkt, wenn Gott dem Volk sagt: *„Ich rufe heute den Himmel und die Erde als Zeugen gegen euch auf: das Leben und den Tod habe ich dir vorgelegt, den Segen und den Fluch!"* (5. Mo. 30,19).

Demnach unterscheiden sich die beiden Bünde inhaltlich. Beim Abrahambund geht es um das *Ziel* der göttlichen Verheißung für das jüdische Volk – beim Sinaibund geht es um den *Weg*, der zu diesem Ziel führt. Im Abrahambund wird festgelegt, dass Gott sich selbst für die Erfüllung der drei genannten Verheißungen bezüglich Volk, Land und Berufung verbürgt. Beim Sinaibund wird das jüdische Volk vor die Wahl gestellt, auf welchem Weg es zu diesem Ziel gelangt: Auf dem Weg des Segens – oder auf dem Weg der Zucht und des Gerichts.

Die Bedingung des Sinaibundes

Der Abrahambund war, wie wir sahen, ein bedingungsloser Bund. Die Erfüllung dieses Bundes hing und hängt nicht vom Wohl- oder Fehlverhalten Abrahams und seiner Nachkommen ab. Ganz anders beim Sinaibund. Ob das Volk Israel auf dem Weg des Segens in die Verheißungen Gottes hineinfindet oder auf dem Weg der Zucht und des Gerichts, hängt von einer ganz klaren Bedingung ab, nämlich: ob sie der Stimme Gottes gehorchen und die Gebote Gottes halten oder nicht.

> *„Und es wird geschehen, wenn du der Stimme des HERRN, deines Gottes, genau gehorchst, dass du darauf achtest, all seine Gebote zu tun, die ich dir heute befehle, dann wird der HERR, dein Gott, dich als höchste über alle Nationen der Erde stellen. Und alle diese Segnungen werden über dich kommen und werden dich erreichen, wenn du der Stimme des HERRN, deines Gottes, gehorchst." (5. Mo. 28,1-2)*

> *„Es wird aber geschehen, wenn du der Stimme des HERRN, deines Gottes, nicht gehorchst, so dass du nicht darauf achtest, all seine Gebote und seine Ordnungen zu tun, die ich dir heute gebiete, dann werden all diese Flüche über dich kommen und dich erreichen." (5. Mo. 28,15)*

Gott sagt hier durch Mose dem Volk Israel, in meinen eigenen Worten ausgedrückt: „Nur auf dem Weg des Vertrauens und des Gehorsams kann ich dich im Segen in die Erfüllung meiner Verheißungen hineinbringen. Solltest du dein Herz verhärten und mir nicht vertrauen, werde ich meine Verheißungen an die Väter nicht in Frage stellen – aber der Weg zur Erfüllung dieser Verheißungen wird ein leidvoller und steiniger sein.“[6]

Wir wissen aus der Geschichte, dass sich das jüdische Volk leider weitgehend für den schmerzvolleren Weg entschieden hat. Wenn man die Flüche, die Gerichtsankündigungen von 5. Mo. 28,16-68 sorgfältig liest und mit der Geschichte des jüdischen Volkes über die letzten gut dreitausend Jahre vergleicht,[7] muss man betroffen feststellen, dass sich alle Gerichtsverheißungen, oft mehrfach, auf tragische Weise erfüllt haben. Die Gerichtsankündigungen beinhalten bei genauerer Betrachtung eine gewisse Steigerung, eine zunehmende Intensität und Heftigkeit. Der tragische Höhepunkt ist das weltweite Exil, welches in den Versen 64-68 in knappen, aber furchtbar treffenden Worten beschrieben ist – das Exil, welches das jüdische Volk in den letzten neunzehnhundert Jahren durchleben und durchleiden musste.

Die Partner des Sinaibundes

Der dritte große Unterschied zwischen dem Abrahambund und dem Sinaibund ergibt sich aus dem zweiten: Der Abrahambund war ein einseitiger, der Sinaibund ein zweiseitiger Bund. Es gibt zwei Partner – Gott und das jüdische Volk –, die sich im vollen Bewusstsein der Konsequenzen auf diesen Bund eingelassen haben:

> *„Ihr alle steht heute vor dem HERRN, eurem Gott: eure Häupter, eure Stämme, eure Ältesten und eure Aufseher, alle Männer von Israel, eure Kinder, eure Frauen und dein Fremder, der mitten in deinem Lager ist, von deinem Holzhauer bis zu deinem Wasserschöpfer, damit du in den Bund des HERRN, deines Gottes, eintrittst und in seine Fluchbestimmung, den der HERR, dein Gott, heute mit dir schließt, damit er dich heute zu seinem Volk erhebt und er dein Gott ist, wie er zu dir geredet und wie er deinen Vätern, Abraham, Isaak und Jakob, geschworen hat.“ (5. Mo. 29,9-12)*

Gott hat alle Karten auf den Tisch gelegt. Er hat alle Konsequenzen plastisch ausgemalt – die Segenskonsequenzen genauso wie die Konsequenzen für den Ungehorsam. Und das Volk hat in seiner Gesamtheit – vom Obersten bis zum Geringsten – diesem Bund mit Gott zugestimmt.[8]

Der zeitliche Rahmen des Sinaibundes

Beim Abrahambund haben wir gesehen, dass es sich um einen ewigen, gewissermaßen „unkündbaren" Bund handelt. Gilt das Gleiche auch für den Sinaibund? Um die Antwort vorwegzunehmen: Nein. Wie wir gleich feststellen werden, wird eine Zeit kommen, wo der Sinaibund durch einen anderen, einen „neuen" Bund ersetzt werden wird. Es ist bemerkenswert, dass diese Perspektive schon im Umfeld dieser Bundeszeremonie von 5. Mo. 27-30[9] keimhaft angelegt ist. Dies sollten wir etwas näher beleuchten.

Mose gilt nach jüdischem Verständnis – bestätigt durch das Neue Testament[10] – als der größte Prophet des Alten Testaments. Auf Grund der Einsicht, die Gott ihm gegeben hatte, konnte er deshalb am Ende seines Lebens wesentliche Dinge über die Zukunft des jüdischen Volkes vorhersehen, die wir auch in der Schrift festgehalten finden.

Mose wusste zum Beispiel, dass das Volk Israel nicht in der Lage sein würde, den Bund, den sie gerade mit Gott geschlossen hatten, zu halten:

> *„Versammelt zu mir alle Ältesten eurer Stämme und eure Aufseher, dass ich diese Worte vor ihren Ohren rede und den Himmel und die Erde gegen sie als Zeugen aufrufe! Denn ich habe erkannt, dass ihr nach meinem Tod ganz und gar zu eurem Verderben handeln und von dem Weg abweichen werdet, den ich euch befohlen habe. Dann wird euch das Unheil treffen am Ende der Tage, weil ihr tun werdet, was böse ist in den Augen des HERRN, ihn zu reizen durch das Werk eurer Hände." (5. Mo. 31,28f)*

Doch Mose wusste auch, dass dies nicht das letzte Wort Gottes über Israel war. Es war ihm durchaus bewusst, dass Gott um seiner

Ehre und um des Bundes mit den Erzvätern willen seine Absichten mit dem jüdischen Volk zum Ziel bringen würde.[11] Aber er wusste auch, dass es dazu einer Veränderung bedurfte, welche der Bund, den er gerade dem Volk Israel vorgelegt hat, nicht bewirken konnte. Er wusste, dass es eines „neuen“ Bundes bedurfte, den Gott selbst bewirken würde – eine „Beschneidung der Herzen“, die weit über das menschliche Vermögen hinausreicht.

Und so prophezeite er, in voller Anerkenntnis der Verderbtheit des menschlichen – auch des jüdischen – Herzens, dass Gott am Ende der Zeit, wenn das jüdische Volk den bitteren Kelch der Gerichte Gottes bis zur Neige geleert haben wird,[12] dieses Wunder an seinem Volk tun wird (5. Mo. 30,4-6):

> *„Wenn deine Verstoßenen am Ende des Himmels wären, selbst von dort wird der HERR, dein Gott, dich sammeln, und von dort wird er dich holen. Und der HERR, dein Gott, wird dich in das Land bringen, das deine Väter in Besitz genommen haben, und du wirst es in Besitz nehmen. Und er wird dir Gutes tun und dich zahlreicher werden lassen als deine Väter. Und der HERR, dein Gott, wird dein Herz und das Herz deiner Nachkommen beschneiden, damit du den HERRN, deinen Gott, liebst mit deinem ganzen Herzen und mit deiner ganzen Seele, dass du am Leben bleibst.“*

Dies ist die erste Ankündigung der Verheißung eines „neuen Bundes“, den dann andere Propheten Israels aufgriffen und vertieften, insbesondere Jeremia und Hesekiel. Dabei ist zu beachten, dass nicht nur bei Mose, sondern auch bei Jeremia und Hesekiel die nationale geistliche Erneuerung Israels gemäß dem neuen Bund *nach* der Rückführung des jüdischen Volkes aus dem weltweiten Exil stattfindet:

> *„Siehe, Tage kommen, spricht der HERR, da säe ich das Haus Israel und das Haus Juda: Samen von Menschen und Samen von Vieh. Und es wird geschehen, wie ich über sie gewacht habe, um auszureißen, abzubrechen, niederzureißen, zugrunde zu richten und zu vernichten, ebenso werde ich über sie wachen, um zu bauen und zu pflanzen, spricht der HERR ...*

Siehe, Tage kommen, spricht der HERR, da schließe ich mit dem Haus Israel und mit dem Haus Juda einen neuen Bund: nicht wie der Bund, den ich mit ihren Vätern geschlossen habe an dem Tag, als ich sie bei der Hand fasste, um sie aus dem Land Ägypten herauszuführen – diesen meinen Bund haben sie gebrochen, obwohl ich doch ihr Herr war, spricht der HERR. Sondern das ist der Bund, den ich mit dem Haus Israel nach jenen Tagen schließen werde, spricht der HERR: Ich werde mein Gesetz in ihr Inneres legen und werde es auf ihr Herz schreiben. Und ich werde ihr Gott sein, und sie werden mein Volk sein." (Jer. 31,27-28; 31-33)

„Darum sage zum Haus Israel: So spricht der Herr, HERR: Nicht um euretwillen handle ich, Haus Israel, sondern um meines heiligen Namens willen, den ihr entweiht habt unter den Nationen, zu denen ihr gekommen seid. Und ich werde meinen großen, unter den Nationen entweihten Namen heiligen, den ihr mitten unter ihnen entweiht habt. Und die Nationen werden erkennen, dass ich der HERR bin,[13] spricht der Herr, HERR, wenn ich mich vor ihren Augen an euch als heilig erweise. Und ich werde euch aus den Nationen holen und euch aus allen Ländern sammeln und euch in euer Land bringen. Und ich werde reines Wasser auf euch sprengen, und ihr werdet rein sein; von all euren Unreinheiten und von all euren Götzen werde ich euch reinigen. Und ich werde euch ein neues Herz geben und einen neuen Geist in euer Inneres geben; und ich werde das steinerne Herz aus eurem Fleisch wegnehmen und euch ein fleischernes Herz geben." (Hes. 36,22-26)[14]

Das Grundmuster ist immer das gleiche: Nach der physischen Wiederherstellung Israels als geeintes Volk in dem Land, das Gott ihnen gegeben hat, folgt die geistliche Wiederherstellung und Vollendung Israels.[15] Und diese geschieht dadurch, dass sie Jesus (hebr.: *Jeshua*) erkennen als den (zuerst) zu ihnen gesandten Messias, der sie durch sein Blut von aller Sünde reinigt und mit dem Heiligen Geist erfüllt, welcher die Gebote Gottes in ihr Herz schreibt. Damit sind wir einmal mehr bei Römer 11, wo wir diese Sicht – speziell auch mit Blick auf das jüdische Volk – bestätigt finden:

„Denn ich will nicht, Brüder, dass euch dieses Geheimnis unbekannt sei, damit ihr nicht euch selbst für klug haltet: Verstockung ist Israel zum Teil widerfahren, bis die Vollzahl der Nationen hineingekommen sein wird; und so wird ganz Israel errettet werden, wie geschrieben steht: ‚Es wird aus Zion der Erretter kommen, er wird die Gottlosigkeiten von Jakob abwenden; und dies ist für sie der Bund von mir, wenn ich ihre Sünden wegnehmen werde.' Hinsichtlich des Evangeliums sind sie zwar Feinde um euretwillen, hinsichtlich der Auswahl aber Geliebte um der Väter willen." (V. 25-28)

Aus all dem wird deutlich: Der Sinaibund ist ein zeitlich begrenzter Bund und er wird durch den neuen Bund in dem Messias Jesus überholt und aufgehoben.[16]

Fassen wir die Unterschiede zwischen dem Abrahambund und dem Sinaibund noch einmal zusammen:

- Der Abrahambund war ein einseitiger Bund, allein auf Gott gegründet, der Sinaibund ein zweiseitiger zwischen Gott und dem Volk Israel.
- Der Abrahambund war ein bedingungsloser (Gnaden-)Bund in Bezug auf das Ziel Gottes mit dem jüdischen Volk, der Sinaibund war ein bedingter Bund in Bezug auf den Weg Gottes, hin zu diesem Ziel.
- Der Abrahambund war ein unkündbarer, ewiger Bund, der Sinaibund war ein zeitlich begrenzter Bund, der zu gegebener Zeit durch einen „neuen" Bund ersetzt werden würde.

Abrahambund und Sinaibund als Rückgrat aller biblischen Prophetie bezüglich Israel

Es ist von entscheidender Bedeutung, den Unterschied zwischen diesen beiden Bündnissen Gottes mit dem jüdischen Volk und die Art und Weise, wie sie einander ergänzen und zueinander im Verhältnis stehen, zu erkennen. Die gegenseitige Ergänzung sei nochmals auf etwas andere Weise deutlich gemacht: Der Abrahambund beinhaltet die Verheißung, der Sinaibund – und schließlich der neue Bund – beinhaltet die Überwindung des größten Hindernisses auf dem

Weg der Erfüllung dieser Verheißung: der menschlichen Sünde, der Verhärtung der Herzen.

Dabei gibt es im Sinaibund und im neuen Bund zwei grundlegend unterschiedliche Ansätze, die jedoch einander bedingen: Im Sinaibund lag die Betonung auf der Aufrichtung eines Maßstabs und auf der Erziehung hin zur Erfüllung dieses Maßstabs. Im neuen Bund wird anerkannt, dass kein Mensch diesen Maßstab erfüllen kann und dass die wahre und bleibende Herzensveränderung dadurch geschieht, dass wir überführt werden von unserer Sünde und Schuld, dass wir überwältigt werden von der Gnade Gottes, dass wir Raum bekommen zur Buße, Vergebung empfangen und mit dem Heiligen Geist erfüllt werden. Doch die Überführung kann nicht ohne das Wissen um richtig und falsch, um Sünde und Gerechtigkeit, um heilig und unheilig erfolgen. Damit eine Überführung überhaupt möglich ist, bedarf es dieses göttlichen Maßstabes, bedarf es Gottes Ordnungen und Weisungen.[17]

In der sich ergänzenden Zusammenschau dieser beiden Bündnisse Gottes mit dem jüdischen Volk finden wir das Fundament und den Maßstab für alle weitere Prophetie in der gesamten Heiligen Schrift bezüglich Gottes Weg mit Israel. Jeder Prophet Israels – einschließlich der neutestamentlichen Propheten Jesus, Paulus und Johannes (in der Offenbarung) – bewegt sich mit seinen prophetischen Äußerungen innerhalb dieses vorgegebenen Rahmens.[18] Dieser Rahmen wird jeweils noch mit vielen Detailinformationen, Konkretionen und inhaltlichen Zusätzen ausgefüllt – aber niemals gesprengt.[19]

Auf dieser Grundlage hat kein Prophet nach Mose[20] die endgültige Auslöschung des jüdischen Volkes prophezeit. Auf dieser Grundlage hat kein Prophet, so umfassend und heftig seine Gerichtsankündigungen auch gewesen sein mögen, versäumt, auf deren zeitliche Begrenzung hinzuweisen und eine künftige Heilszeit für Israel mit vorherzusagen.[21] Im Mittelpunkt dieser Heilszusagen standen dabei immer die Verheißungen Gottes an die Erzväter, die Rückführung in das Land, das Aufblühen des Volkes und die geistliche Erneuerung und Vollendung Israels mit dem Ziel des weltweiten messianischen Königreiches mit Israel als Zentrum, zum Segen für alle Völker.

Auf dieser Grundlage, mit einem vertieften Verständnis des Abraham- und des Sinaibundes, können wir uns nun festen Schrittes den nächsten Meilensteinen auf Gottes Weg mit Israel zuwenden. Der folgende, dritte, führt uns zu Israels herausragendem König David.

Anmerkungen

1 5. Mo. 30,19f

2 Artikel „Bund“ in: *Das große Bibellexikon*, Band 1 A-D, a.a.O., 317-323, S. 323.

3 Dieser Wechsel des Ansehens der Hebräer in den Augen der ägyptischen Machthaber lässt sich dadurch erklären, dass zur Zeit des Josef (Mitte des 18. Jhd. v. Chr.) nicht originär ägyptische Könige an der Macht waren, sondern eine fremdländische Dynastie, die *Hyksos*, die bis 1720 v. Chr. fast ganz Ägypten unter ihrer Kontrolle hatten. Diese Fremdherrscher, die den Hebräern gegenüber wohlwollend waren, wurden um 1570 v. Chr. durch den ägyptischen Führer und späteren Pharao Ahmose I. aus dem Land vertrieben. Ahmose gründete eine neue Dynastie und damit wendete sich das Schicksal der Hebräer grundlegend – von diesem Punkt an gab es hebräische Sklaven. Die den Hebräern gegenüber grausamsten Herrscher dieser Dynastie waren Sethos I. (1317-1290 v. Chr.) und Ramses II (1290-1224 v. Chr.) – die regierenden Herrscher zur Zeit des Mose (geboren ca. 1350 v. Chr.). Quelle: Gerald Hughes, Stephen Travic, *Faszination Bibel – Teil 1: Die Bibel entdecken,* Wuppertal, Brockhaus, 2000, S. 6-14.

4 Die Notwendigkeit für diese Wiederholung ergab sich aus Gottes Gericht über die Generation, die aus Ägypten auszog und den Bundesschluss am Sinai miterlebte. Diese musste fast komplett wegen ihres Unglaubens sterben, als sie sich wegen des negativen Berichts von 10 der 12 Kundschafter weigerten, im Vertrauen auf Gott in das verheißene Land zu ziehen (s. 4. Mo. 14). Bis auf Mose und Aaron sowie Josua und Kaleb musste somit die gesamte Generation in der Wüste sterben. Selbst Mose und Aaron wurde später auf Grund einer anderen Verfehlung der Einzug ins verheißene Land verwehrt (s. 4. Mo. 20,12). Die Wiederholung war demnach notwendig, weil es sich um eine völlig neue Generation handelte – die Generation, die nun unter der Führung Josuas endlich in das Gelobte Land ziehen, die ansässigen Völker vertreiben oder vernichten und ein heiliges Leben gemäß Gottes Ordnung führen sollte.

5 Es ist nicht der Rahmen, den Sinaibund im Detail zu betrachten. Wir können nur Ergebnisse herausgreifen und auf spezifische Merkmale hinweisen. Es empfiehlt sich deshalb sehr, an dieser Stelle die entscheidenden Kapitel 5. Mo. 27-31 im Zusammenhang zu lesen.

6 Warum war ein solcher Bund überhaupt nötig? Er war nötig, damit der Unterschied zwischen Sünde und Unschuld, zwischen heilig und unheilig, zwischen Recht und Unrecht deutlich werden würde und Gott eine rechtmäßige Grundlage hätte, erzieherisch tätig zu werden (s. auch Einleitungszitat in Verbindung mit Anmerkung 2).

7 Eine Buchempfehlung zur viertausendjährigen Geschichte des jüdischen Volkes – geschrieben von zwei jüdischen Autoren: Max Wurmbrand, Cecil Roth, *Das Volk der Juden – eine Universalgeschichte*, Frechen, Komet MA-Service und Verlagsgesellschaft mbH. Ebenfalls empfehlenswert: Abba Eban, *Dies ist mein Volk*, München, Zürich: Droemer'sche Verlagsanstalt.

8 S. auch das 10fache „Amen" des Volkes in 5. Mo. 27,15-26.

9 S. Anmerkung 4.

10 Zum Beispiel dadurch, dass Mose gemeinsam mit Elia Jesus auf dem Berg der Verklärung erschien (Mt. 17,1ff par.). S. auch Apg. 3,22 und Apg. 7,37.

11 Das wird deutlich, wenn man die Person und den Dienst Moses in Bezug auf seine Kapazität als Fürbitter in Betracht zieht. Der zentrale Appell an Gott in kritischen Situationen war immer der Appell an Gottes Bund mit den Erzvätern und an Gottes Ehre, die auf dem Spiel steht, wenn er diesen Bund bricht, z. B. in 2. Mo. 32,7ff und in gleicher Sache 5. Mo. 9,26ff, wo dieser Zusammenhang besonders deutlich wird: *„Und ich betete zum HERRN und sprach: Herr, HERR! Vernichte nicht dein Volk und dein Erbteil, das du durch deine Größe erlöst, das du mit starker Hand aus Ägypten herausgeführt hast! Denke an deine Knechte, Abraham, Isaak und Jakob! Kehre dich nicht an die Verstocktheit dieses Volkes und an seine Gottlosigkeit und an seine Sünde, damit das Land, aus dem du uns herausgeführt hast, nicht sagt: Weil der HERR nicht imstande war, sie in das Land zu bringen, von dem er zu ihnen geredet hatte, und weil er sie hasste, hat er sie herausgeführt, um sie in der Wüste sterben zu lassen."*

12 Hier möchte ich nochmals erwähnen: Die drastischste Gerichtsankündigung ist die des weltweiten Exils. Eine weitere Steigerung gibt es nicht. Deshalb ist es bedeutsam und stimmig, dass die Herzensveränderung des jüdischen Volkes für die Zeit *nach* dem Ende des weltweiten Exils angekündigt ist.

13 An dieser Stelle sei nochmals der Hinweis gestattet, wie einmal mehr die Verbindung zwischen Gottes Handeln an Israel und der Erfüllung des Missionsbefehls zusammenwirken werden.

14 S. auch Hes. 11,17-19 – inhaltlich nahezu identisch!

15 Es gibt auch Verheißungen an das jüdische Volk, dass vor der Rückkehr aus dem Exil eine Umkehrbewegung zu Gott hin stattfinden wird, z. B. 5. Mo. 30,2f. Der entscheidende Punkt ist, dass eine umfassende nationale Umkehr, bei der „ganz Israel gerettet wird" (Röm. 11,26) nicht im Exil, sondern nur als geeintes Volk im eigenen Land stattfinden kann und wird. Abgesehen davon

wird es auch vorbereitend auf die Rückkehr große Umkehrbewegungen im jüdischen Volk geben – und gibt es auch schon, etwa unter der jüdischen Bevölkerung in Teilen der USA und der GUS.

16 S. auch 2. Kor. 3,3 und Heb. 8,1ff. Jedes Mal wird deutlich, dass sich der „erste" Bund (= der „Alte" Bund) jeweils auf den Sinaibund und nicht auf den Abrahambund bezieht.

17 Genau diese Zusammenhänge erläutert Paulus in Römer 7.

18 In manchen Kreisen spricht man im Zusammenhang mit diesem Geschichtsverständnis von „Deuteronomistischer Geschichtsschreibung", also einem Verständnis der Geschichte Israels auf dem Hintergrund des Abrahambundes und des Sinaibundes. In geradezu klassischer Weise bringt Daniel dieses biblische Geschichtsverständnis in seinem Bußgebet für sein Volk Israel zum Ausdruck, wenn er – im Exil – rückblickend die Geschichte Israels mit den Worten zusammenfasst: *„Bei dir aber, Herr, unser Gott, ist Barmherzigkeit und Vergebung. Denn wir sind abtrünnig geworden und gehorchten nicht der Stimme des Herrn, unseres Gottes, und wandelten nicht in seinem Gesetz, das er uns vorlegte durch seine Knechte, die Propheten; sondern ganz Israel übertrat dein Gesetz, und sie wichen ab und gehorchten deiner Stimme nicht. Darum trifft uns auch der Fluch, den er geschworen hat und der geschrieben steht im Gesetz des Mose, des Knechtes Gottes, weil wir an ihm gesündigt haben"* (Dan. 9,9-11).

19 Ich betone nochmals: Diese Aussage ist angesichts der Theologiegeschichte und der Kirchengeschichte von weit reichender Bedeutung. Die Kirchenväter haben nämlich das Gegenteil behauptet und damit die gesamte Christenheit – auch die protestantische – in eine verhängnisvolle Fehlentwicklung geführt (siehe auch meinen Beitrag „900 Jahre Antisemitismus in Deutschland" in *Erhebt eure Stimmen*, Verlag Gottfried Bernard, Solingen 1999).

20 Die einzige Ausnahme von dieser Regel ist bei Mose selbst, als Gott das Volk Israel nach dem Tanz ums goldene Kalb vernichten wollte und Mose ihm unter Hinweis auf seinen Bund mit den Erzvätern fürbittend gewissermaßen in den Arm fiel (s. Anmerkung 11). Es ist viel darüber spekuliert worden, ob Gott mit dieser Reaktion des Mose gerechnet hat oder – wie im Falle Abrahams und dessen Ringen um Sodom und Gomorrha – letztendlich ernst gemacht hätte, wenn Mose nicht dazwischengegangen wäre. Es genügt mir, diese Fragestellung der Souveränität Gottes und der einzigartigen Beziehung, die er zu Mose hatte, zu überlassen.

21 Ein schönes Beispiel dafür ist Micha 7,18-20: *„Wer ist ein Gott wie du, der Schuld vergibt und Vergehen verzeiht dem Überrest seines Erbteils! Nicht für immer behält er seinen Zorn, denn er hat Gefallen an Gnade. Er wird*

sich wieder über uns erbarmen, wird unsere Schuld niedertreten. Und du wirst alle ihre Sünden in die Tiefen des Meeres werfen. Du wirst an Jakob Treue erweisen, an Abraham Gnade, die du unsern Vätern geschworen hast von den Tagen der Vorzeit her.“

Kapitel 5

Der Davidbund – der dritte Meilenstein

„Wenn deine Tage erfüllt sind und du dich zu deinen Vätern gelegt hast, dann werde ich deinen Nachkommen, der aus deinem Leib kommt, nach dir aufstehen lassen und werde sein Königtum festigen. Der wird meinem Namen ein Haus bauen. Und ich werde den Thron seines Königtums festigen für ewig ... Dein Haus aber und dein Königtum sollen vor dir Bestand haben für ewig, dein Thron soll feststehen für ewig.“[1]

„Nachdem er (David) in Jerusalem seine Residenz aufgeschlagen hat, in der ‚Davidstadt‘, wie die Festung von da an hiess ... überführt David die Bundeslade des Gottes Israel nach Jerusalem und gibt Pläne für einen prächtigen Tempel in Auftrag, dessen Bau er dann allerdings auf Anraten seines Propheten Nathan seinem Nachfolger überlässt. Seither bildet Jerusalem, die Stadt des Friedens, die Stadt Davids, für das jüdische Volk den geistigen Mittelpunkt und das Ziel der Sehnsucht. Und dieser einzigartigen Stellung innerhalb der jüdischen Geschichte verdankt die Stadt, die heute erneut Hauptstadt Israels ist, ihre nicht nachlassende Anziehungskraft.“[2]

Durch König David kamen zwei Linien biblischer Offenbarung aus der Verborgenheit an die Oberfläche: die Messiasverheißung – die Verheißung des Davidssohnes – und Jerusalem – die Davidstadt. Beide Linien sind sehr wichtig und wären ohne Davids einzigartigen Beitrag nicht denkbar. Untersuchen wir diese beiden Linien jeweils für sich.

Gottes Messias[3] – der Sohn Davids

Der Bund, den Gott mit David in 2. Samuel 7 geschlossen hatte, ist die Grundlage für eine in dieser Form neue Hoffnung, die im jüdischen Volk Wurzeln schlug: die Hoffnung auf ein messianisches Königreich mit einem Messias-König, dem Sohn Davids. Dieser sollte das, was Gott durch David ansatzweise wirkte, nämlich die Aufrichtung eines Friedensreiches in dem ihnen von Gott bestimmten Land, zur Vollendung bringen.

Vor David gab es keine Messiaserwartung in der uns bekannten Weise. Die wenigen Worte Gottes aber, die durch den Propheten Nathan an David herangetragen wurden, eröffneten einen völlig neuen Horizont: *„Dein Haus aber und dein Königtum sollen vor dir Bestand haben für ewig, dein Thron soll feststehen für ewig"* (2. Sam. 7,16).[4] Dadurch füllte sich Gottes Verheißung an Abraham bezüglich eines großen Volkes in einem fruchtbaren Land zum Segen für alle Nationen mit konkretem Inhalt: Ein gerechter König, Gott selbst, sollte hier herrschen und alle Segensverheißungen für Israel und für alle Welt verwirklichen. Von David an wurde diese Erwartung Bestandteil biblischer Prophetie und Ausdruck der Sehnsucht des jüdischen Volkes nach Erlösung und nach einem Retter. Die Psalmen 2 und 110 geben dieser Verheißung und dieser Sehnsucht Ausdruck. Den Zweitgenannten wollen wir etwas näher betrachten:

> *„Von David. Ein Psalm. Spruch des HERRN für meinen Herrn: Setze dich zu meiner Rechten, bis ich deine Feinde gemacht habe zum Schemel deiner Füße! Den Stab deiner Macht wird der HERR aus Zion ausstrecken. Herrsche inmitten deiner Feinde! Dein Volk ist voller Willigkeit am Tage deiner Macht. In heiliger Pracht, aus dem Schoß der Morgenröte habe ich dich wie Tau gezeugt. Geschworen hat der HERR, und es wird ihn nicht gereuen: ‚Du bist Priester in Ewigkeit nach der Weise*

Melchisedeks!' Der Herr zu deiner Rechten zerschmettert Könige am Tag seines Zorns. Er wird richten unter den Nationen, er füllt Täler mit Leichen. Das Haupt über ein großes Land zerschmettert er. Auf dem Weg wird er trinken aus dem Bach, darum wird er das Haupt erheben." (Psalm 110)

Es würde hier zu weit führen, diesen Psalm im Einzelnen auszulegen. Ich möchte in unserem Zusammenhang nur einen Aspekt herausgreifen: In Psalm 110,4 wird der von Gott gezeugte König auf Zion – der Messias – als ein „Priester nach der Ordnung Melchisedeks" bezeichnet. Diese Sichtweise greift der Autor des Hebräerbriefs auf, indem er auf Psalm 110 Bezug nimmt und die Verheißungslinie in beide Richtungen – Vergangenheit und Zukunft – weiter auszieht:

„Denn dieser Melchisedek, König von Salem, Priester Gottes, des Höchsten – der Abraham entgegenging und ihn segnete, als er von der Niederwerfung der Könige zurückkehrte, dem auch Abraham den Zehnten von allem zuteilte – heißt übersetzt zunächst König der Gerechtigkeit, dann aber auch König von Salem, das ist König des Friedens. Ohne Vater, ohne Mutter, ohne Geschlechtsregister, hat er weder Anfang der Tage noch Ende des Lebens, er gleicht dem Sohn Gottes und bleibt Priester für immer." (Heb. 7,1-3)

Wieder treffen wir auf Abraham. Auf geheimnisvolle Weise verbinden sich in der Begegnung Abrahams mit Melchisedek die göttlichen Verheißungen an Abraham mit der göttlichen Priesterschaft, durch welche diese Verheißungen in Erfüllung gehen werden. Eine messianische, ewige Priesterschaft, die ganz anderer Art ist als die Aarons, die bei Mose und dem Sinaibund zu sehen ist. Mit anderen Worten: In Melchisedek – oder besser gesagt in Jesus[5] – verbindet sich die Messiasverheißung mit dem Abrahambund. Das heißt nichts anderes, als dass sich der Abrahambund letztlich nur im Messias erfüllen kann und wird. Was sich in dem biblischen Bericht von der Begegnung Abrahams mit Melchisedek nur zart angedeutet hatte, wird durch Gottes Bund mit David und Davids Kommentar in Psalm 110,4 zu einer klar erkennbaren Verheißung. Andere Propheten verstärken diese Linie, vor allem Jesaja und Jeremia:

„Denn ein Kind ist uns geboren, ein Sohn uns gegeben, und die Herrschaft ruht auf seiner Schulter; und man nennt seinen Namen: Wunderbarer Ratgeber, starker Gott, Vater der Ewigkeit, Fürst des Friedens. Groß ist die Herrschaft, und der Friede wird kein Ende haben auf dem Thron Davids und über seinem Königreich, es zu festigen und zu stützen durch Recht und Gerechtigkeit von nun an bis in Ewigkeit. Der Eifer des HERRN der Heerscharen wird dies tun." (Jes. 9,5-6)[6]

„Siehe, Tage kommen, spricht der HERR, da werde ich dem David einen gerechten Spross erwecken. Der wird als König regieren und verständig handeln und Recht und Gerechtigkeit im Land üben." (Jer. 23,5)

Auf diese und andere Aussagen stützen sich die Autoren des Neuen Testaments wie Matthäus[7] oder Paulus[8], wenn sie feststellen, dass dieser Aspekt prophetischer Messiasverheißungen mit Jesus in Erfüllung gegangen ist beziehungsweise in Erfüllung gehen wird.[9] Jesus, der ewige Hohepriester nach der Ordnung Melchisedeks, stammt aus der Linie Davids. Er ist der Sohn Davids. In ihm sind alle göttlichen Verheißungen „Ja und Amen"[10] – auch die Verheißungen Gottes an Abraham und seine Nachkommen.

Jerusalem – die Stadt Davids

Ähnlich wie mit dem *Sohn* Davids verhält es sich mit der *Stadt* Davids. Auch hier gibt es durch Melchisedek eine geistlich bedeutsame Verbindung zu Abraham: Melchisedek war König von Salem – dem späteren Jerusalem.

Wenn wir uns der Deutung anschließen, dass Melchisedek niemand anderer war als Jesus selbst, dann verstehen wir die prophetische Andeutung, die sich hier abzeichnet: So wie Melchisedek König-Priester von Salem war, wird Jesus einst König-Priester von Jerusalem sein. Unter seinem priesterlichen Aspekt wird Jerusalem Ort der manifesten Gegenwart Gottes sein.[11] Unter königlichem Aspekt wird Jerusalem Ort der weltweiten Herrschaft Gottes sein, die „Stadt des großen Königs", wie Jesus selbst sie nennt.[12]

Es gibt noch eine zweite bedeutsame Verbindung Abrahams zu

Jerusalem, in die Gott in seiner souveränen Führung den König David mit hineinverwoben hat. Wir erinnern uns, dass Abraham an einen ganz bestimmten Ort gehen sollte, um seinen Sohn Isaak im Gehorsam und Vertrauen auf Gott[13] zu opfern – zu einem Berg im Land Morija.[14] Etwa eintausend Jahre später versündigte sich David gegen Gott, indem er aus unlauteren Motiven heraus eine Volkszählung veranlasste.[15] Gott wies David dafür scharf zurecht und wollte ihn und mit ihm Israel durch eine Pest strafen. Als sich der Todesengel Jerusalem näherte, geschah Folgendes:

> *„Und Gott sandte den Engel nach Jerusalem, um es zu vernichten. Und als er zu vernichten begann, sah es der HERR, und er hatte Mitleid wegen des Unheils. Und er sprach zu dem Engel, der vernichtete: ‚Genug! Lass deine Hand jetzt sinken!' Der Engel des HERRN stand aber gerade bei der Tenne Ornans, des Jebusiters. Und als David seine Augen erhob, sah er den Engel des HERRN zwischen der Erde und dem Himmel stehen, sein Schwert gezückt in seiner Hand, ausgestreckt über Jerusalem. Da fielen David und die Ältesten, in Sacktuch gehüllt, auf ihr Angesicht." (1. Chr. 21,15-16)*

Der Prophet Gad kam zu David und befahl ihm im Namen Gottes, diese Tenne zu kaufen, einen Altar darauf zu bauen und Gott ein Opfer darzubringen. David tat alles, wie ihm gesagt wurde, und erlebte, wie Gott auf eindrucksvolle Weise das Opfer annahm, indem er Feuer vom Himmel sandte. Daraufhin entschied sich David, an dieser Stelle den Tempel zu bauen. Was war das für eine Stelle, auf der die Tenne stand? Es war eben der besagte Berg Morija, der Ort, an dem Abraham bereit war, seinen Sohn Isaak zu opfern:

> *„Und Salomo fing an, das Haus des HERRN zu bauen in Jerusalem, auf dem Berg Morija, wo der HERR seinem Vater David erschienen war, an der Stelle, die David bestimmt hatte, auf der Tenne Ornans, des Jebusiters." (2. Chr. 3,1)*

Genau an der Stelle dieses alten Dreschplatzes baute also Salomo den ersten Tempel. Dabei legte er Wert darauf, dass der Altar im

Allerheiligsten exakt an der Stelle positioniert wurde, auf der David auf Gottes Anweisung hin seinen Altar errichtet hatte. Jahrhunderte später wurde genau an gleicher Stelle der zweite Tempel errichtet. Nochmals Jahrhunderte später erbaute man auf den Überresten der beiden jüdischen Tempel zwei islamische Heiligtümer, den so genannten „Felsendom" und die Al-Aksa-Moschee. Dieses Fleckchen Erde ist heute weltweit bekannt als der Tempelberg in der Altstadt Jerusalems, mit der Klagemauer an der Westseite. Dieses Fleckchen Erde ist das eigentliche Zentrum des politisch-religiösen sowie des dahinterliegenden geistlichen Konflikts im Nahen Osten.

Wir fassen zusammen: An diesem dritten Meilenstein in Gottes Geschichte mit dem jüdischen Volk bekommt die Verheißung Gottes an Abraham klarere Konturen. Durch König David wird die Messiasverheißung, die Verheißung des Davidssohnes, konkreter, die in Melchisedek zu Abrahams Zeit eine erste Andeutung erlebt hat. Durch König David wird Jerusalem in Gottes Heilspläne integriert, was sich ebenfalls zu Abrahams Zeit in Melchisedek, als Priesterkönig von Salem, schon angedeutet hat. Es wird deutlich – und durch die nachfolgenden Propheten weitreichend bestätigt und ausgemalt –, dass die Erfüllung von Gottes Verheißungen an Abraham und das jüdische Volk wesentlich mit Jerusalem, der „Stadt des großen Königs", und mit dem verheißenen messianischen König, Jesus, zu tun hat.

Und damit sind wir direkt beim vierten Meilenstein, bei Jesus selbst, wie er uns im Neuen Testament begegnet. Hören wir, was er, der König der Juden, zu Gottes Absichten mit dem jüdischen Volk zu sagen hat.

Anmerkungen

1 2. Sam. 7,12,13 u. 16.

2 Abba Eban, *Dies ist mein Volk*, a.a.O., S. 33.

3 *Messias* (hebr.) heißt „Gesalbter" – s. auch Anmerkung 4.

4 Im Zusammenhang mit 2. Sam. 7 schreibt W. S. La Sor: „Zwischen Gott und der Familie Davids soll für alle Zeiten ein besonderes Verhältnis bestehen. Das Wort ‚Bund' kommt in diesem Zusammenhang zwar nicht vor, und doch handelt es sich um einen solchen (siehe auch Ps. 89; 132). Die

Zusage Gottes erinnert zunächst an den Abrahambund: David soll einen großen Namen bekommen; dem Volk wird ein Leben frei von Angst und Bedrängnis im Land der Verheißung zugesagt … Diese Bundeszusage ist der Wurzelboden, aus dem später die gesamte messianische Erwartung des AT erwächst.“ La Sor, Hubbard, Bush, *Das Alte Testament – Entstehung, Geschichte, Botschaft*, Gießen/Basel: Brunnen, 1989, S. 290.

5 Es gibt eine Reihe bibelgläubiger Theologen, die in Melchisedek Jesus selbst zu erkennen meinen. Ich schließe mich dieser Sichtweise an, wie sie beispielsweise Fritz Laubach in seinem Kommentar des Hebräerbriefes in Bezug auf Heb. 7,1-3 zum Ausdruck bringt: „In Ps 110,4 heißt es: ‚Du bist Priester in Ewigkeit nach der Ordnung Melchisedeks.‘ Der Messias wird angesprochen; ihm wird das ewige Priestertum zugesagt … Melchisedek ist dem Sohn Gottes gleich, ist Abbild des Sohnes. Die Gestalt des Melchisedek wird transparent für Jesus Christus; in Melchisedek begegnet uns der Herr.“ Fritz Laubach, *Der Brief an die Hebräer*, in: Wuppertaler Studienbibel, Wuppertal, Gießen: Brockhaus/Brunnen, 1983, S. 140f.

6 S. auch Jes. 11,1-5.

7 Mt. 1,1.6.

8 Apg. 13,23 und Röm. 1,3.

9 S. Anmerkung 5.

10 2. Kor. 1,20.

11 Genau dies bringt Johannes in der Offenbarung, Kapitel 21, zum Ausdruck: *„Und ich sah einen neuen Himmel und eine neue Erde; denn der erste Himmel und die erste Erde waren vergangen, und das Meer ist nicht mehr. Und ich sah die heilige Stadt, das neue Jerusalem, aus dem Himmel von Gott herabkommen, bereitet wie eine für ihren Mann geschmückte Braut. Und ich hörte eine laute Stimme vom Thron her sagen: Siehe, das Zelt Gottes bei den Menschen! Und er wird bei ihnen wohnen, und sie werden sein Volk sein, und Gott selbst wird bei ihnen sein, ihr Gott.“*

12 Mt. 5,35 in Verbindung mit Ps. 48,3.

13 Hebr. 11,17-19: *„Durch Glauben hat Abraham, als er geprüft wurde, den Isaak dargebracht, und er, der die Verheißungen empfangen hatte, brachte den einzigen Sohn dar, über den gesagt worden war: ‚In Isaak soll deine Nachkommenschaft genannt werden‘, indem er dachte, dass Gott auch aus den Toten erwecken könne, von woher er ihn auch im Gleichnis empfing.“*

14 1. Mo. 22,2.

15 S. 1. Chr. 21 und 2. Sam. 24.

Kapitel 6

Das neutestamentliche Zeitalter – der vierte Meilenstein

„Und sie werden fallen durch die Schärfe des Schwertes und gefangen weggeführt werden unter alle Nationen; und Jerusalem wird zertreten werden von den Nationen, bis die Zeiten der Nationen erfüllt sein werden.“[1]

„Wir haben den Fall der Sowjetunion erlebt und auch die Anfänge des Exodus aus dem Norden. Unsere Augen haben unwahrscheinliche Dinge gesehen, Dinge, von denen andere Generationen noch nicht einmal zu träumen wagten. Es sind prophetische Zeichen, die in Erfüllung gehen.“[2]

Nachdem wir die heilsgeschichtlichen Grundlagen und die ersten drei Meilensteine auf Gottes Weg mit dem jüdischen Volk in alttestamentlicher Zeit kennen gelernt haben, wenden wir uns jetzt dem Neuen Testament zu. Insbesondere wollen wir in diesem Kapitel einige prophetische Aussagen Jesu im Zusammenhang mit der Zukunft des jüdischen Volkes – vom zeitlichen Standort Jesu aus betrachtet – untersuchen.

Der vierte Meilenstein auf Gottes Weg mit dem jüdischen Volk ist somit das neutestamentliche Zeitalter, genauer gesagt: der Zeitabschnitt zwischen dem ersten und dem zweiten Kommen Jesu.[3]

Damit kommen wir zu den so genannten „Endzeitreden" Jesu. Damit sind seine prophetischen, in die Zukunft gerichteten Äußerungen bezüglich endzeitlicher Geschehnisse im Zusammenhang mit seiner Nachfolgerschaft, mit Israel und mit den Nationen vor seiner Wiederkunft gemeint. Aufzeichnungen davon liegen in den Evangelien von Matthäus,[4] Markus[5] und Lukas[6] vor, wobei jeder Evangelist unterschiedliche Aspekte hervorhebt oder weglässt. Wir beschränken uns dabei nur auf einige Passagen, die sich mit der Zukunft Jerusalems und des jüdischen Volkes befassen.

Es sei nochmals darauf hingewiesen, dass Jesus auch ein Prophet war. Dies ist vielen Christen nicht gewärtig. Doch Petrus betont dies in der schon erwähnten zweiten großen Predigt nach Pfingsten, im Zusammenhang mit seinen Ausführungen über die „Zeiten der Wiederherstellung". Dabei erläutert er seinen jüdischen Zuhörern, dass Jesus der von Mose angekündigte Prophet ist:

„Mose hat schon gesagt: ‚Einen Propheten wird euch der Herr, euer Gott, aus euren Brüdern erwecken, gleich mir. Auf ihn sollt ihr hören in allem, was er zu euch reden wird! Es wird aber geschehen: jede Seele, die auf jenen Propheten nicht hören wird, soll aus dem Volk ausgerottet werden.'" (Apg. 3,22-23)

Nirgendwo sonst in der biblisch überlieferten Aufzeichnung vom irdischen Leben Jesu tritt er uns so klar als Prophet entgegen wie in den Endzeitreden. Wir sollten deshalb die Mahnung, auf ihn zu hören, sehr ernst nehmen.

Ich zitiere zwei Passagen, Mt. 23,37-39 und Lk. 21,21 u. 24:

„Jerusalem, Jerusalem, die da tötet die Propheten und steinigt, die zu ihr gesandt sind! Wie oft habe ich deine Kinder versammeln wollen, wie eine Henne ihre Küken versammelt unter ihre Flügel, und ihr habt nicht gewollt! Siehe, euer Haus wird euch öde gelassen; denn ich sage euch: Ihr werdet mich von jetzt an nicht sehen, bis ihr sprecht: ‚Gepriesen sei, der da kommt im Namen des Herrn!'"

„Wenn ihr aber Jerusalem von Heerscharen umzingelt seht, dann erkennt, dass seine Verwüstung nahe gekommen ist! ... Und sie werden fallen durch die Schärfe des Schwertes und gefangen weggeführt werden unter alle Nationen; und Jerusalem wird zertreten werden von den Nationen, bis die Zeiten der Nationen erfüllt sein werden."

Wenn wir diese beiden prophetischen Passagen zusammennehmen, ergeben sich daraus – chronologisch geordnet – fünf klare Aussagen Jesu über die Zukunft Jerusalems und des jüdischen Volkes:

1. Jerusalem wird unter Gottes Gericht kommen, zerstört und verlassen werden.
2. Das jüdische Volk wird unter alle Nationen zerstreut werden.
3. Jerusalem wird eine lange Zeit von Fremdvölkern beherrscht und unterdrückt werden.
4. Die Zeit der Unterdrückung Jerusalems durch nichtjüdische Völker wird zu Ende gehen und Jerusalem wird wieder unter jüdische Souveränität kommen.
5. Die Einwohner Jerusalems werden Jesus bei seiner Rückkehr als ihren Messias willkommen heißen.

Die Aussagen eins bis drei liegen vom heutigen Standpunkt aus gesehen in der Vergangenheit. Aussage vier betrifft unsere gegenwärtige Zeit, die Erfüllung von Aussage fünf liegt noch in der Zukunft.

In diesem Kapitel – Meilenstein Nr. 4 – untersuchen wir die ersten vier Aussagen Jesu. Im nächsten Kapitel – Meilenstein Nr. 5 – werden wir dem fünften dieser prophetischen Hinweise Jesu ausführlich nachgehen.

Jerusalem unter Gottes Gericht

„Wenn ihr aber Jerusalem von Heerscharen umzingelt seht, dann erkennt, dass seine Verwüstung nahe gekommen ist! ... Siehe, euer Haus wird euch öde gelassen ..." – das sind die Worte, mit denen Jesus das Gericht über Jerusalem vorhersagt. In ähnlicher Weise spricht Jesus auch noch an anderen Stellen von diesem Gericht.[7]

Es würde den Rahmen sprengen, im Detail auf diese Vorhersagen Jesu einzugehen. Nur so viel sei erwähnt: Die Vorhersagen Jesu in Bezug auf die Eroberung und Zerstörung Jerusalems haben sich detailgetreu erfüllt.

Das lässt sich deshalb so genau feststellen, weil Josephus Flavius in seinem bekannten Werk „Geschichte des Jüdischen Krieges" die Eroberung Jerusalems in allen Einzelheiten geschildert hat. Dabei finden sich alle Elemente der Beschreibung Jesu wieder.

In Lukas 21,20-21 mahnte Jesus seine Jünger zur schnellen Flucht, sobald sie Jerusalem belagert sähen: *„Wenn ihr aber Jerusalem von Heerscharen umzingelt seht, dann erkennt, dass seine Verwüstung nahe gekommen ist! Dann sollen die in Judäa auf die Berge fliehen und die, die in seiner Mitte sind, daraus entweichen, und die, die auf dem Land sind, nicht dort hineingehen."*

Seine Anweisungen waren auch hier sehr präzise: Die Einwohner Judäas und alle anderen Bewohner der näheren ländlichen Umgebung sollten nicht nach Jerusalem – in die vermeintlich sichere Stadt – fliehen, sondern in den Bergen Zuflucht suchen. Und diejenigen, die sich in Jerusalem eingeschlossen fänden, sollten die nächste sich bietende Gelegenheit nutzen, aus Jerusalem zu fliehen, weil die Zerstörung der Stadt unvermeidlich sein würde.

66 n. Chr. begann der (erste) jüdische Aufstand, im Jahr 68 rückten die römischen Truppen gegen Jerusalem vor und begannen die Stadt zu belagern. In einem kurzen Moment, als die römische Armee aufgrund innenpolitischer Wirren in Rom vorübergehend abgezogen wurde, nutzte die in Jerusalem eingeschlossene judenchristliche Gemeinde die Gelegenheit, folgte den Weisungen Jesu und floh aus Jerusalem nach Pella im Ostjordanland. Dies war die letzte Gelegenheit zur Flucht. Nach der Rückkehr der römischen Armee zog diese nicht mehr ab, bis Jerusalem erobert und – einschließlich des Tempels – weitgehend zerstört war.

Doch das markierte noch nicht das Ende der jüdischen Präsenz in Jerusalem. Dieses sollte erst gut 60 Jahre später eintreten, nachdem die römische Besatzungsmacht den zweiten jüdischen Aufstand unter Bar Kochba (132-135) niedergeworfen hatte. Kaiser Hadrian war so erzürnt über das jüdische Volk, dass er zu drastischen Maßnahmen griff: Israel wurde umbenannt in Palästina (in Anlehnung an die

Erzfeinde der Juden, die Philister), Jerusalem wurde umbenannt in Aelia Capitolina („fremdes Hauptstädtchen"), der Tempel wurde in ein heidnisches Heiligtum zu Ehren des Jupiter umgewandelt, und jedem Juden wurde bei Todesstrafe verboten, auch nur einen Fuß nach Jerusalem hineinzusetzen.

Jesu Prophetie hatte sich präzise erfüllt: Jerusalem und der Tempel waren in jeder nur denkbaren Weise entehrt und zerstört und auf Jahrzehnte hinaus „öde gelassen" – bar jeder jüdischen Präsenz. Und nicht nur dies. Gleichzeitig hat sich auch die Gerichtsankündigung aus 5. Mo. 28 bezüglich der Zerstörung der befestigten Städte Israels, Jerusalem eingeschlossen, erfüllt:[8]

> *„Und sie[9] wird dich belagern in all deinen Toren, bis deine hohen und festen Mauern, auf die du vertraust, in deinem ganzen Land gefallen sind. Und sie wird dich belagern in all deinen Toren, in deinem ganzen Land, das der HERR, dein Gott, dir gegeben hat. Dann wirst du die Frucht deines Leibes essen,[10] das Fleisch deiner Söhne und deiner Töchter, die der HERR, dein Gott, dir gegeben hat in der Belagerung und Bedrängnis, mit der dich dein Feind bedrängen wird." (5. Mo. 28,52-53)*

Weltweite Zerstreuung des jüdischen Volkes

Nach der Zerstörung Jerusalems, so Jesus, wird das jüdische Volk *„gefangen weggeführt werden unter alle Nationen"*. Ebenfalls auf der Grundlage der Berichte von Josephus Flavius gehen Historiker davon aus, dass während des ersten jüdischen Aufstands von 66-70[11] etwa eine Million jüdische Menschen ums Leben kamen und eine weitere Million über das gesamte römische Reich zerstreut in die Sklaverei geschickt wurden. Dies war das mit Abstand einschneidendste Ereignis, das zur weltweiten Zerstreuung des jüdischen Volkes gemäß 5. Mo. 28 führte, wo es heißt:

> *„Und der HERR wird dich unter alle Völker zerstreuen von einem Ende der Erde bis zum andern Ende der Erde. Und du wirst dort andern Göttern dienen, die du nicht gekannt hast, weder du noch deine Väter – Göttern aus Holz und Stein. Und unter jenen Nationen wirst du nicht ruhig wohnen,*

und deine Fußsohle wird keinen Rastplatz finden. Und der HERR wird dir dort ein zitterndes Herz geben, erlöschende Augen und eine verzagende Seele. Und dein Leben wird in Gefahr schweben, du wirst dich Nacht und Tag fürchten und deines Lebens nicht sicher sein. Am Morgen wirst du sagen: Wäre es doch Abend! und am Abend wirst du sagen: Wäre es doch Morgen! – wegen des Zitterns deines Herzens, mit dem du zitterst, und wegen des Anblicks dessen, was deine Augen erblicken müssen." (5. Mo. 28,64-67)

Ich möchte mir an dieser Stelle einen Exkurs erlauben.

Es ist in christlichen Kreisen eine weit verbreitete Annahme, dass die alttestamentlichen Prophetien bezüglich Exil und Rückkehr des jüdischen Volkes mit dem Exil in Babylon zur Zeit des babylonischen Königs Nebukadnezar (und seiner Nachfolger) sowie mit der durch den Perserkönig Kyros ermöglichten Rückkehr der Juden erfüllt wären. Das ist ein Irrtum.

Allein die Tatsache, dass Jesus von der weltweiten Zerstreuung des jüdischen Volkes als einem in der Zukunft liegenden Ereignis spricht, führt diese Auffassung ad absurdum. Aber es gibt noch andere gewichtige Gründe, die ernst genommen werden wollen. Einige davon möchte ich an dieser Stelle kurz anführen, indem ich das babylonische Exil und das Exil in neutestamentlicher Zeit im Lichte biblischer Aussagen vergleiche.

Dahinter steht die Sicht, dass sich wesentliche Teile alttestamentlicher Prophetie bezüglich Vertreibung und Rückkehr des jüdischen Volks nicht in alttestamentlicher Zeit erfüllt haben, sondern dass dies erst in heutiger Zeit im Zusammenhang mit der Rückkehr der Juden aus aller Welt und der Wiedergeburt des Staates Israel passiert. Ich möchte nur die wichtigsten der vielen biblischen Hinweise darauf herausgreifen:

Die Größenordnung des Exils

Der Prophet Jeremia kündigt eine Rückkehr aus dem Exil an (der logischerweise eine entsprechende Wegführung vorausgegangen sein muss), die das Exil in Ägypten und den Exodus aus Ägypten in den Schatten stellt:

„Darum siehe, Tage kommen, spricht der HERR, da wird man nicht mehr sagen: So wahr der HERR lebt, der die Söhne Israel aus dem Land Ägypten heraufgeführt hat! – sondern: So wahr der HERR lebt, der die Söhne Israel aus dem Land des Nordens heraufgeführt hat und aus all den Ländern, wohin er sie vertrieben hatte! Und ich werde sie in ihr Land zurückbringen, das ich ihren Vätern gegeben habe." (Jer. 16,14-15)

Diese Prophetie hat sich mit der Wegführung nach und der Rückführung aus Babylon sicherlich nicht erfüllt. Gemäß der babylonischen Imperialpolitik wurde jeweils die Elite des besetzten Landes weggeführt, die einfache Bevölkerung verblieb im Land, um dessen Fruchtbarkeit und die dadurch möglichen Tributleistungen zu gewährleisten. Das war auch nach der Eroberung des Südreiches (Juda) und dessen Hauptstadt Jerusalem der Fall. Insgesamt wurden zwischen 5.000 und 10.000 Juden in den Jahren 605 bis 587 v. Chr.[12] deportiert. Die Anzahl der Rückkehrenden wird wesentlich geringer geschätzt.[13] In keinem Fall reicht die Größenordnung auch nur annähernd an die des Exodus aus Ägypten heran. Und auch im kollektiven Gedächtnis des Judentums hat die Rückkehr aus Babylon nicht ansatzweise mit dem Exodus aus Ägypten konkurrieren können.

Ganz anders verhält es sich mit der Rückkehr jüdischer Menschen in unseren Tagen. Bei der Gründung im Jahre 1948 hatte der neugeborene Staat Israel etwa 650.000 jüdische Staatsbürger – viele von ihnen kamen aus der Judenverfolgung in Europa erst in Jahren kurz zuvor in das damalige Palästina. Zwischen 1948 und 1953 kamen weitere 800.000 Juden, meist als mittellose Flüchtlinge, aus den arabischen Ländern, wo sie ihres Lebens nicht mehr sicher waren. Eine Einwanderungswelle folgte der nächsten. Juden aus mehr als 120 Ländern sind im Verlauf des 20. Jahrhunderts nach Israel eingewandert. In den Jahren nach dem Zusammenbruch des Sowjetblocks um 1990 bis heute sind mehr als eine Million Juden aus den GUS-Staaten und Osteuropa nach Israel eingewandert. Das sind Größenordnungen, die in der Tat den Exodus aus Ägypten noch in den Schatten stellen.

Die zeitliche Ausdehnung des Exils

Die Dauer des babylonischen Zwangsexils lag zwischen 605 und 538 v. Chr. – also etwa die 70 Jahre, die Jeremia vorhergesagt hat.[14] Danach hatten die Juden, die dies wollten, die Möglichkeit zur Rückkehr. Eine Reihe alttestamentlicher Prophetien sprechen jedoch von einem lang anhaltenden Exil und dem Zerfall ehemals bewohnter Orte über viele Generationen hinweg, Orte, die erst nach sehr langer Zeit wieder aufgebaut werden würden:

> *„Sie werden die uralten Trümmerstätten aufbauen, das früher Verödete wieder aufrichten. Und sie werden die verwüsteten Städte erneuern, was verödet lag von Generation zu Generation." (Jes. 61,4)*[15]

Dies ist nach der Rückkehr aus dem babylonischen Exil höchstens ansatzweise geschehen. Erstens lag keine derart lange Zeitspanne dazwischen. Zweitens war das Land ja weitgehend bevölkert und bebaut, damit die Machthaber ihre Tributleistungen daraus kassieren konnten.

Ganz anders nach dem fast 2000 Jahre währenden Exil in neutestamentlicher Zeit. Hunderte von Städten und Dörfern waren über viele Generationen hinweg zerfallen und lagen in Ruinen. Palästina befand sich gegen Ende des 19. Jahrhunderts in einem trostlosen, erbarmungswürdigen Zustand. Der bekannte Autor Mark Twain besuchte 1868 das Land der Bibel und war erschüttert über die Unwirtlichkeit und Trostlosigkeit des Landes. Als die Engländer 1917 die Verwaltung Palästinas antraten, war eines ihrer ersten Amtshandlungen, die wenigen Bäume in ihrem Mandatsbereich zu zählen. Erst mit der zunehmenden Anzahl von Juden, die in das Land ihrer Väter zurückkehrten, änderte sich das Bild und blühende Ortschaften und Städte wurden errichtet – oft am gleichen Ort und mit gleichem Namen wie zu biblischer Zeit.[16]

Mehr als jemals zuvor erfüllen sich dadurch biblische Verheißungen, wie die des Jesaja (s. o.) und anderer Propheten:

„Und das verwüstete Land soll bebaut werden, statt dass es als Einöde daliegt vor den Augen jedes Vorüberziehenden. Und man wird sagen: Dieses Land da, das verwüstete, ist wie der Garten Eden geworden, und die verödeten und verwüsteten und niedergerissenen Städte sind befestigt und bewohnt. Und die Nationen, die rings um euch her übrig bleiben, werden erkennen, dass ich, der HERR, das Niedergerissene aufbaue, das Verwüstete bepflanze.[17] *Ich, der HERR, habe geredet, ich werde es auch tun." (Hes. 36,34-36)*[18]

Die räumliche Ausdehnung des Exils

Zur Zeit des babylonischen Exils hielt sich die räumliche Distanz der Exilanten zu ihrer Heimat in relativ überschaubaren Größenordnungen. Die Stadt Babel lag ca. 1.400 km von Jerusalem entfernt gegen Osten, Susa war noch etwas weiter entfernt. Das war zwar für damalige Verhältnisse weit – doch lange nicht „das Ende der Welt".

Zudem spielte sich das Exil im Wesentlichen in einer Himmelsrichtung ab, nimmt man das benachbarte Ägypten noch hinzu, in zwei Himmelsrichtungen. Aber das babylonische Exil und die Rückkehr von dort lässt sich keineswegs mit prophetischen Verheißungen einer Rückkehr von den fernsten Inseln, dem Ende der Welt, aus allen vier Himmelsrichtungen in Einklang bringen, wie zum Beispiel die folgenden:

„So fürchte dich nun nicht, denn ich bin bei dir. Ich will vom Osten deine Kinder bringen und dich vom Westen her sammeln, ich will sagen zum Norden: Gib her! und zum Süden: Halte nicht zurück! Bring her meine Söhne von ferne und meine Töchter vom Ende der Erde, alle, die mit meinem Namen genannt sind, die ich zu meiner Ehre geschaffen und zubereitet und gemacht habe." (Jes. 43,5-7; Luther)[19]

„Siehe, ich bringe sie herbei aus dem Land des Nordens und sammle sie von dem äußersten Ende der Erde, unter ihnen Blinde und Lahme, Schwangere und Gebärende, sie alle zusammen; als eine große Volksversammlung kehren sie hierher zurück." (Jer. 31,8)

Ganz anders verhält es sich mit der Rückkehr jüdischer Menschen in unserer Zeit: Aus mehr als 120 Nationen, aus allen fünf Kontinenten, ja, von den fernsten Inseln (von Israel aus gesehen z. B. Neuseeland) kommen jüdische Menschen in ihre von Gott zugesagte Heimat zurück. Hier erfüllen sich diese biblischen Verheißungen buchstäblich und man braucht diese Stellen nicht zu ignorieren oder zu verbiegen.[20]

Ich fasse diesen Exkurs zusammen: Sowohl in Bezug auf die Größenordnung als auch in Bezug auf die zeitliche und räumliche Dimension gibt es eine Reihe prophetischer Aussagen, die sich nicht auf das babylonische Exil und die Rückkehr daraus anwenden lassen. Sie treffen aber präzise auf die Rückkehr des jüdischen Volkes im Verlauf des 20. Jahrhunderts zu.[21] Natürlich gibt es gleichzeitig zahlreiche Aussagen der Propheten, die für die Zeit des babylonischen Exils gedacht waren und dadurch in Erfüllung kamen. Aber eben nicht alle. Und diejenigen, die für unsere Zeit gedacht waren, sind zahlreich und eindeutig genug, um unzweifelhaft zu belegen, dass die Rückkehr der Juden aus aller Welt in das ihnen von Gott gegebene Land in unserer Zeit die präzise Erfüllung Jahrtausende alter biblischer Prophetie ist.[22]

Damit komme ich zur dritten prophetischen Aussage Jesu aus den oben zitierten Passagen seiner Endzeitreden:

Beherrschung Jerusalems durch nichtjüdische Völker

Jesus kündigt eine Zeit harter Unterdrückung Jerusalems unter nichtjüdischen Machthabern an: *„Jerusalem wird zertreten werden von den Nationen ...“* Auch dieser Aspekt seiner prophetischen Vorhersage hat sich erfüllt. Nachfolgend eine kurze Übersicht über die wichtigsten Etappen nichtjüdischer Herrschaft über Jerusalem (alle Jahresangaben „n. Chr.“):[23]

70	Jerusalem blieb nach der Niederschlagung des ersten jüdischen Aufstandes zunächst noch eine jüdische Stadt, wenn auch unter römischer Oberherrschaft.
132	Kaiser Hadrian (regierte 117-138) besuchte Jerusalem und beschloss, diese Stadt in eine römische

	Kolonie umzuwandeln. Dies löste den Bar-Kochba-Aufstand (132-135) aus.
135	Nach Zusammenbruch des Aufstands Gründung der römischen Kolonie und Umbenennung Jerusalems in Aelia Capitolina
312	Bekehrung des römischen Kaisers Konstantin zum Christentum, Beginn der byzantinischen Epoche
438	Aufhebung des Ansiedlungsverbots für Juden durch Kaiserin Eudokia
614	Eroberung Jerusalems durch das persische Heer
636	Islamische Araber eroberten Jerusalem und ganz Palästina; Bau des Felsendoms (691/692) und der Al-Aksa-Moschee (705-750) auf dem Tempelplatz
750	Beginn der islamisch-abassidischen Herrschaftszeit
969	Beginn der Herrschaft der islamisch-schiitischen Fatimiden
1072	Jerusalem fällt an die türkischen Seldschuken.
15.7.1099	Jerusalem fällt an die Kreuzritter, fast alle moslemischen und jüdischen Einwohner werden ermordet.
Ab 1100	„Lateinisches Königreich von Jerusalem“
1187	Eroberung Jerusalems durch Sultan Saladin
1229	Rückgabe Jerusalems an (römische) Christen
1244	Jerusalem fällt endgültig in den moslemischen Machtbereich zurück.
1291	Beginn der (ägyptischen) mameluckischen Herrschaft
1517	Beginn der osmanischen Herrschaft
1831-1840	Kurze Unterbrechung der osmanischen Oberhoheit; Jerusalem gehörte in dieser Zeit zu Ägypten.
1917	Am 7. Dezember rückt der englische General Allenby mit britischen Truppen ein;[24] kurz danach Beginn der britischen Mandatsverwaltung. Diese dauerte bis zur Staatsgründung Israels am 14. Mai 1948.

Jerusalem wieder unter jüdischer Souveränität

Wie Jesus vorhergesagt hatte, war die Zeit der Fremdherrschaft über Jerusalem, die Zeit des göttlichen Gerichts, durch ein prophetisches „bis" begrenzt: *„... bis die Zeiten der Nationen erfüllt sein werden."*

Diese Aussage Jesu fügt sich exakt in das Grundmuster ein, das aller alttestamentlichen Prophetie bezüglich Israel zu Grunde liegt, welches lautet: Israel wird auf Grund seiner Herzenshärte und seines Ungehorsams gemäß 5. Mo. 28 unter Gottes Gericht kommen, *bis* eine neue Heilszeit für Israel anbricht. Ein solcher Epochenwechsel muss nicht von einem Moment auf den anderen erfolgen. Er kann auch schrittweise vonstatten gehen. Dies trifft auf Jerusalem zu:

1948 Nach der Staatsgründung am 14. Mai 1948 und mit dem Ende des ersten Unabhängigkeitskrieges Israels im Frühjahr 1949 kam nach einer Unterbrechung von ca. 1.800 Jahren[25] etwa die Hälfte Jerusalems unter jüdische Souveränität, die andere Hälfte kam unter jordanische Herrschaft.

1967 Nach Israels überwältigendem Sieg im Sechstagekrieg im Juni 1967[26] kam die Osthälfte Jerusalems unter jüdische Kontrolle. Im Jahr 1980 wurde Jerusalem zur ewigen, unteilbaren Hauptstadt Israels erklärt.

Sind nun die „Zeiten der Nationen" erfüllt? Noch nicht ganz. Ein kleiner Teil Jerusalems ist noch nicht unter ausschließlich jüdischem Einfluss – der Tempelberg[27]. In dieser Hinsicht hat sich Jesu Prophetie noch nicht zu 100 Prozent erfüllt.

Dieser Fleck Erde wird noch für einige Zeit das politische, religiöse und geistliche Zentrum des Endzeitkonflikts um Jerusalem und im Nahen Osten bleiben. Mehr noch: Die Bibel sagt vorher, dass davon ausgehend der gegenwärtige so genannte Nahost-Konflikt sich zu einem weltweiten Konflikt ausweiten wird. Dazu später mehr.

Damit lassen wir diesen 4. Meilenstein in Gottes Geschichte mit Israel, das neutestamentliche Zeitalter im Allgemeinen, hinter uns, indem wir zusammenfassen:

Jesus hatte in seiner Fähigkeit als Prophet wesentliche Dinge über die Zukunft des jüdischen Volkes zu sagen. Er prophezeite die Zerstörung Jerusalems und des Tempels. Er sagte in Übereinstimmung mit den Propheten des Alten Testaments die weltweite Zerstreuung des jüdischen Volks voraus.

Er kündigte eine schwere Zeit der Bedrückung Jerusalems unter nichtjüdischen Machthabern an. Doch wie lang diese Zeit auch immer dauern sollte – sie wäre begrenzt. Zur rechten Zeit würde Jerusalem wieder unter jüdische Souveränität kommen.

Und dann würde sich das neutestamentliche Zeitalter in großen Schritten seinem Ende nähern und das jüdische Volk würde seinen Messias annehmen, wie Jesus in seiner fünften prophetischen Aussage ankündigt:

> *„Ich sage euch: Ihr werdet mich von jetzt an nicht sehen, bis ihr sprecht: ‚Gepriesen sei, der da kommt im Namen des Herrn.'"*

Doch diese Vorhersage weist schon in die Zukunft des jüdischen Volkes, in die letzte Phase des neutestamentlichen Zeitalters, in die Endzeit im engeren Sinn des Wortes.

Anmerkungen

1 Lk. 21,24

2 Gustav Scheller, *Operation Exodus – erfüllte Prophetie*, Lüdenscheid: Asaph, 1998, S.141.

3 Hierzu ist die zeitliche Abgrenzung bewusst nicht ganz präzise. In diesem Kapitel ist das neutestamentliche Zeitalter angesprochen mit Ausnahme der letzten Phase, unmittelbar vor der Wiederkunft Jesu. Diesen Zeitabschnitt möchte ich in einem gesonderten, fünften Meilenstein erörtern – s. Kapitel 7.

4 Mt. 23,37 bis 25,46.

5 Mk. 13,1-37.

6 Lk. 21,5-36.

7 Insbesondere in Lk. 19,41-44 und in den oben übersprungenen Versen Lk. 21,21-23.

8 Eine erste, teilweise Erfüllung dieser – wie auch anderer – Gerichtsankün-

digungen aus 5. Mo. 28 gab es schon während der Eroberung Jerusalems durch Nebukadnezar 587 v. Chr. – aber nicht so umfassend und vollständig wie durch die Römer im Jahr 70/135 n. Chr.

9 Eine fremde, hartherzige Nation – s. Vers 49f.

10 Josephus Flavius berichtet auf erschütternde Weise von mehreren Fällen des Kannibalismus während der Belagerung Jerusalems, s. Artikel „Jerusalem" in: *Das große Bibellexikon, a.a.O.*, Band 3, 1022-1048, S. 1041. Dort wird auf Flavius Josephus, *Bellum Judaicum V*, verwiesen.

11 Manchmal wird das Ende des ersten jüdischen Aufstands auch erst auf das Jahr 73, mit der Eroberung des letzten Stützpunktes der jüdischen Aufständischen, der Festung Massada, datiert.

12 Nachdem Nebukadnezar II. 605 v. Chr. die Macht im babylonischen Weltreich übernommen hatte, kam es im Wesentlichen zu drei Wegführungen aus Jerusalem und Juda: Die erste gleich nach seinem Machtantritt im Jahre 605 – unter den Deportierten waren auch Daniel und seine Freunde. Die zweite im Jahr 597 nach der ersten Eroberung Jerusalems (das bei dieser Gelegenheit noch nicht zerstört wurde) und die dritte im Jahr 587 nach der (zweiten) Eroberung Jerusalems, das diesmal in Schutt und Asche gelegt wurde. In Jeremia 52,30 wird die Gesamtzahl der in diesen drei Deportationen weggeführten Jerusalemer Bürger mit 4.600 angegeben. Etwas höhere Zahlen nennt der Bericht aus 2. Kön. 24-25.

13 „Erst nach dem Edikt des Perserkönigs Kyrus um 538 v. Chr. (Esr. 1; 6,3-5; vgl. Jes. 44,28-45,7) fanden sich zunächst vereinzelt, dann in größeren Gruppen Rückkehrer, die unter großen Mühen den Wiederaufbau betrieben. Viele sind jedoch – wohl aus wirtschaftlichen Gründen – in den Orten des Exils zurückgeblieben und bildeten so den Grundstamm des Exil- oder Diaspora-Judentums." Zitiert aus: Artikel „Exil" in *Das große Bibellexikon*, Band 2 E-H, 553-555, a.a.O., S. 555. Die Rückkehr aus dem babylonischen Exil wird auch vom Judentum selbst nicht als die Erfüllung biblischer Prophetie in Bezug auf einen großen zweiten Exodus empfunden.

14 Jer. 25,11-12.

15 S. auch Jes. 58,12.

16 Wolfgang Scheel führt in seinem Buch mehr als 600 (!) Orte in Israel namentlich und mit Angabe der entsprechenden Bibelstelle auf, die in moderner Zeit (seit 1870) auf dem gleichen Fleck und unter gleichem Namen wie die biblischen Orte Israels errichtet wurden: Wolfgang Scheel, *Lexikon biblischer Ortsbenennungen im modernen Israel – Eine Hilfe für Bibelstudium und Israelreise,* 08269 Hammerbrücke: Seidel & Seidel, 2002.

17 Ein weiterer Hinweis auf das Zusammenwirken von Gottes Wiederherstellungshandeln an Israel und der Erfüllung des Missionsbefehls!

18 S. auch Hes. 36,10; Jer. 31,23f u.a.

19 S. auch Jes. 11,11-12.

20 Ich füge hinzu: Man braucht sie auch – von begründeten Einzelfällen abgesehen – nicht in das messianische Zeitalter, also in die Zeit nach dem zweiten Kommen Jesu zu verlegen, denn, wie wir schon kurz gesehen haben und weiter sehen werden, ist die Hauptrichtung dieser prophetischen Linie, dass das jüdische Volk zuerst in sein Land zurückkehrt, um dort dem Messias zu begegnen, ehe er zum zweiten Mal kommt.

21 Und der Prozess ist ja noch nicht abgeschlossen. Von den geschätzten 16 bis 18 Millionen Juden auf der Welt leben derzeit gut sechs Millionen in Israel. Es ist nur eine Frage der Zeit, wann – gemäß biblischer Prophetie – der größte Teil der verbleibenden Exiljuden nach Israel zurückkehren wird.

22 Meiner Einschätzung nach handelt es sich dabei – zusammen mit der weltweiten Ausgießung des Heiligen Geistes – um die machtvollste Erfüllung biblischer Prophetie seit Pfingsten überhaupt.

23 Quelle: Artikel „Jerusalem" in: *Das große Bibellexikon*, Bd. 3 I-L, a.a.O., S. 1041-1045.

24 In radikalen moslemischen Kreisen wird dieses Datum mit dem Beginn der „großen Katastrophe" gleichgesetzt. Osama bin Laden zum Beispiel bezog sich in seinen Video-Ansprachen aus dem Jahr 2001 öfter auf die mehr als 80-jährige „große Katastrophe". Der Grund: Mit diesem Datum (1917 – Eroberung Palästinas durch die Engländer gegen Ende des 1. Weltkriegs) kam Jerusalem und Palästina – islamisches Kerngebiet über viele Jahrhunderte hinweg – in die Hand der „Ungläubigen" (Juden und Christen). Die Staatsgründung Israels am 14. Mai 1948 steigerte die Katastrophe, war aber nicht ihr Anfang. Für ein tieferes Verständnis des islamischen Selbstverständnisses in Bezug auf den „Heiligen Krieg" in Vergangenheit und Gegenwart sei folgendes Buch empfohlen: Hans-Peter Raddaz, *Von Allah zum Terror – Der Djihad und die Deformierung des Westens*, Herbig-Verlag, München, 2002.

25 Von 135 n. Chr. an gerechnet.

26 Es gibt gerade im Zusammenhang mit dem Sechstagekrieg eine erstaunlich große Anzahl von glaubwürdigen und einander bestätigenden Berichten, dass Gott selbst unmittelbar in das Kampfgeschehen eingegriffen hat. Ein solcher Bericht von einem israelischen Soldaten sei hier stellvertretend wiedergegeben: „Es war 1967. Bei Ausbruch des Sechstagekrieges standen

einem israelischen Soldaten 200 feindliche Soldaten gegenüber. Ich kannte keinen Soldaten, der nicht fest damit rechnete, diesen Krieg zu verlieren. In der Armee war ich Panzermechaniker und unsere Einheit mit elf Panzern war an der Grenze des Sinai zu Ägypten hin stationiert. Als die Regierung den Befehl zum Präventivschlag gab, wir die Motoren anwarfen und uns in Bewegung setzten, starben wir fast vor Angst. Doch wir fuhren los – und rechneten jeden Moment damit, von riesigen Horden ägyptischer Soldaten angefallen zu werden. Wir kamen an die Grenze, überquerten die Grenze – nichts geschah. Wir fuhren eine Stunde, zwei Stunden in den Sinai – immer noch kein Lebenszeichen zu erkennen. Wir fuhren den ganzen Tag und dann noch einen Tag und noch einen Tag. Kein Schuss, kein Mensch in Sicht! Erst am vierten Tag fand eine unserer Armeepatrouillen in dieser riesigen Wüste eine Handvoll Menschen. Wir stellten uns in einem großen Kreis um sie auf und fragten: ‚Wer seid ihr?' ‚Wir sind ägyptische Soldaten.' Wir fragten: ‚Warum habt ihr nicht gekämpft, als wir euch angriffen?' Worauf sie antworteten: ‚In dem Moment, als ihr die Grenze überquertet, sahen wir hinter euch eine riesige Menge in Weiß – da bekamen wir solche Angst, dass wir auf der Stelle kehrtmachten und flüchteten.' Zunächst waren wir überrascht davon, dass Gott seine Engel schickt, um für uns zu streiten. Doch mit der Zeit hörten wir immer mehr ähnliche Geschichten, und bis heute werden wir bei unserem Reservistentreffen nicht müde, uns gegenseitig von den Wundern Gottes zu erzählen, die wir während des Sechstagekrieges erlebten." Zeitschrift VOICE, Ausgabe 1/1998, S. 28.

27 Der Tempelberg ist unter geteilter Souveränität, teilweise israelisch, teilweise moslemisch. Im Sommer 2004 hat Israel die Verwaltung des Tempelbergs wieder an das jordanische Königshaus zurückübertragen und der Kontrolle der Palästinensischen Autonomiebehörden entzogen. Quelle: *Jerusalem Issue Brief* des *Institute for Contemporary Affairs*, Vol. 3, No. 31, August 2004.

Kapitel 7

Die Geburt des messianischen Zeitalters – der fünfte und sechste Meilenstein

„Ich sage euch: Ihr werdet mich von jetzt an nicht sehen, bis ihr sprecht: ‚Gepriesen sei, der da kommt im Namen des Herrn!'"[1]

„Wir berühren hier etwas durchaus Prophetisches. Der Messias kehrt leiblich in das konkrete Jerusalem zurück, eine ... Stadt, angefüllt mit Juden, die die Alija[2] vollzogen haben ... und ihrem geliebten Messias in seiner erlösenden Macht begegnet sind. Genauso, wie der Messias leiblich zurückkehrt, betritt er auch eine buchstäbliche, irdische Stadt, aber – nicht New York, London oder Rom, sondern die ewige Stadt des jüdischen Volkes, Jerusalem."[3]

Der fünfte Meilenstein in Gottes Geschichte mit dem jüdischen Volk liegt noch in der Zukunft – genau wie der sechste und siebte. Der fünfte Meilenstein ist der Kampf um Jerusalem und Israels Erlösung, der sechste die Wiederkunft Jesu und das messianische Zeitalter (das „Tausendjährige Reich") und der siebte Meilenstein bezieht sich auf das neue, ewige Jerusalem. Mit diesen drei Aspekten der biblisch angekündigten Zukunft Israels wollen wir uns in den folgenden Kapiteln befassen.

Bei der Ankündigung Jesu, dass das jüdische Volk ihn vor seiner Wiederkunft anerkennen wird, finden wir einmal mehr dieses kleine, bedeutsame Wörtchen „bis". Hier wird wieder ein Epochenwechsel markiert. Voraussetzung für diesen Epochenwechsel, für Israels Erlösung durch seinen Messias Jesus, ist gemäß Jesu eigener Aussage, dass Jerusalem nicht mehr von Fremdvölkern beherrscht wird – also wieder der jüdischen Einfluss-Sphäre untersteht.

Dies ist ein wichtiger biblischer Hinweis angesichts politischer Überlegungen, Jerusalem zu internationalisieren,[4] und angesichts von Ansprüchen, die der Vatikan zum Teil bis heute auf Jerusalem erhebt.[5] Jesus wird in ein jüdisches Jerusalem zurückkehren, nicht in ein moslemisches, amerikanisches, vatikanisches oder internationalisiertes Jerusalem.

Diesen Epochenwechsel meint Paulus, wenn er schreibt: *„Denn ich will nicht, Brüder, dass euch dieses Geheimnis unbekannt sei, damit ihr nicht euch selbst für klug haltet: Verstockung ist Israel zum Teil widerfahren, bis die Vollzahl der Nationen hineingekommen sein wird; und so wird ganz Israel errettet werden ..." (Röm. 11,25-26a)*. Allerdings betont er hier nicht, wie Jesus, die politische Souveränität ganz Jerusalems unter jüdischer Herrschaft, sondern die dem vorausgehende Erfüllung des Missionsbefehls unter den nichtjüdischen Völkern.[6]

Wie haben wir uns nun die Umstände dieser nationalen Erweckung und geistlichen Wiedergeburt Israels vorzustellen? Auch hier lässt uns die Bibel nicht im Dunkeln. Der Prophet Sacharja beschreibt diese gewaltigen Ereignisse und die dramatischen Begleitumstände anschaulich und konkret in seiner langen, abschließenden Prophetie in Sacharja 12-14.[7] Wir wollen aus diesem Kapitel die vier wichtigsten Etappen und Ereignisse herausgreifen:

Der Kampf um Jerusalem

„Ausspruch, Wort des HERRN über Israel. Es spricht der HERR, der den Himmel ausspannt und die Grundmauern der Erde legt und den Geist des Menschen in seinem Inneren bildet: Siehe, ich mache Jerusalem zu einer Taumelschale für alle Völker ringsum. Und auch über Juda: Es wird in Bedrängnis geraten zusammen mit Jerusalem. Und es wird geschehen an

jenem Tag, da mache ich Jerusalem zu einem Stemmstein für alle Völker: alle, die ihn hochstemmen wollen, werden sich wund reißen. Und alle Nationen der Erde werden sich gegen es versammeln." (Sach. 12,1-3)

Zunächst einmal ist die Einleitung zu dieser ausführlichen und bedeutungsvollen Prophetie bemerkenswert. Mit kraftvollen Worten stellt sich der Gott Israels als der Schöpfer von Himmel, Erde und der gesamten Menschheit vor. Und diese Worte machen deutlich: Als Schöpfer ist er auch der Herr – Herr der Menschheit und Herr der Geschichte. Auf dieser Grundlage spricht er prophetisch über Israels Schicksal in der Endzeit – in den Tagen unmittelbar vor, während und nach der Wiederkunft des Messias.

In diesen letzten Tagen steht Jerusalem im Zentrum gewaltiger politischer und militärischer Konflikte. An Jerusalem werden sich die Geister scheiden. Alle Menschen und Völker, die gegen Gottes Absichten mit Jerusalem aufbegehren, werden daran zugrunde gehen. Dies geschieht offensichtlich in unterschiedlichen Etappen und Phasen.

In einer ersten Phase wird Jerusalem zu einer „Taumelschale[8] für alle Völker ringsum", für die Nachbarvölker Israels. Ich bin davon überzeugt, dass dies die Phase ist, in der wir heute leben. Die Nachbarvölker, insbesondere die stark islamisch geprägten, sind von einem irrationalen, nur geistlich zu erklärenden, durch nichts außer der Auslöschung Israels als politisch souveräne Nation zu besänftigenden Hass auf Israel erfüllt. Dieser Hass kulminiert in der Auseinandersetzung um Jerusalem (s. a. Anmerkung 25 in Kap. 6).

In einer zweiten Phase werden Menschen und Nationen in der ganzen Welt von diesem Hass erfasst werden. Schon heute deutet sich diese Entwicklung dadurch an, dass, rational kaum nachvollziehbar, mehr als die Hälfte alle Resolutionen des Sicherheitsrates der UN gegen Israel gerichtet sind.[9] Das heißt, es sind mehr Resolutionen gegen Israel als gegen alle anderen 190 Mitgliedsnationen der UN zusammengenommen ergangen! Wenn sich dieser Trend verfestigt – und alles spricht dafür –, dann fehlt nicht mehr allzu viel, dass die zweite Phase zur politischen Realität wird: *„Und es wird geschehen an jenem Tag, da mache ich Jerusalem zu einem Stemmstein für alle Völker: alle, die ihn hochstemmen wollen, werden sich wund reißen. Und alle Nationen der Erde werden sich gegen es versammeln." (V. 3)*

Die folgenden Verse beschreiben diesen Weltkrieg gegen Israel im Einzelnen. Dabei wird hervorgehoben, wie Israel inmitten der zunehmenden Bedrängnis von Gott gestärkt und geistlich geläutert und geformt wird. Doch anstatt Gottes Eingreifen zu Gunsten Israels wahrzunehmen und anzuerkennen, schürt dies den Hass der Nationen nur noch mehr. Es scheint sich aufzuschaukeln: Je mehr Gott sein Volk stärkt, umso größer wird der Hass der Nationen. Doch je mehr die Isolation in der Völkerwelt und der Hass der Völker auf Israel zunimmt, desto mehr wird sich Israel seinem Gott zuwenden und von ihm übernatürlich Stärke, Hilfe und Rettung erfahren. Schließlich gelangen wir zu der dramatischen Aussage von Vers 9:

„Und es wird geschehen an jenem Tag, da trachte ich danach, alle Nationen zu vernichten, die gegen Jerusalem herankommen.“

Nach dieser weitreichenden Aussage folgt ein längerer Einschub. Die Passage Sacharja 12,10 bis zum Ende von Kapitel 13 befasst sich nicht mehr mit dem äußeren Kampfgeschehen, sondern ausschließlich mit den inneren, geistlichen Prozessen im Volk Israel selbst. Erst in 14,1 wird das äußere Geschehen wieder aufgegriffen. Doch dazu später.

Die Reinigung und Erlösung Israels

Was sich in den Versen 12,4-8 bei Sacharja schon andeutete, steigert sich in Vers 10 zum dramatischen Höhepunkt: Der Heilige Geist wird in machtvoller Weise über das Volk Israel und die Einwohner Jerusalems ausgegossen (V10a):

„Aber über das Haus David und über die Bewohnerschaft von Jerusalem gieße ich den Geist der Gnade und des Flehens aus ...“

Inmitten größter Not und Bedrängnis – Israel steht mit dem Rücken zur Wand, seine Existenz ist auf das Äußerste bedroht –, aber gleichzeitig gestärkt und ermutigt durch die Erfahrungen der Nähe und der Hilfe Gottes, tun sie das einzig Richtige in dieser Situation: Sie wenden sich an Gott. Sie beten zu Gott. Sie flehen zu Gott. Sie flehen um Gnade. Dieses vom Heiligen Geist gewirkte, das ganze Volk ergreifende Flehen um Gnade und Errettung bekommt einen neuen, weiter gefassten Inhalt. Es geht nicht mehr nur um äußere Hilfe und Errettung – das Volk Israel fleht um Gnade, um Erbarmen. Auf einmal wird ihnen etwas bewusst, was sie in dieser Weise noch nie zuvor erkannt haben: Ihre zeitliche und ewige Zukunft, die Erfüllung ihrer Bestimmung, die Konkretion von Gottes Bund mit Abraham hängt allein von der Gnade und vom Erbarmen Gottes ab – und sonst von nichts und niemandem! Der Geist der Gnade ist über sie ausgegossen und sie sind – nach so vielen Jahren – an dem Punkt angelangt, den Paulus so klar vorhergesehen hat:

> *„Denn wie ihr [die Nichtjuden] einst Gott nicht gehorcht habt, jetzt aber Erbarmen gefunden habt infolge ihres Ungehorsams, so sind jetzt auch sie [die Juden] dem euch geschenkten Erbarmen gegenüber ungehorsam gewesen, damit auch sie jetzt Erbarmen finden. Denn Gott hat alle zusammen in den Ungehorsam eingeschlossen, damit er sich aller erbarmt." (Röm. 11,30-32)*

Das jüdische Volk ist nach so vielen Jahren an den Punkt gelangt, an den nur Gott selbst sie bringen konnte, an die Stelle, an der sie erkennen müssen: Nicht ihre Erkenntnis, nicht ihr reiches und durchaus wertvolles religiöses Erbe, auch nicht ihre Intelligenz und ihre Ingeniosität, nicht ihr Militär und ihre Geheimdienste, nicht ihre kulturellen Leistungen, nicht irgendeine der vielfältigen und speziellen Tugenden und Ressourcen des jüdischen Volkes – so ehrenwert und bedeutsam jede einzelne für sich sein mag – nichts von dem kann sie letztendlich retten und sie ihrer Bestimmung zuführen – das können nur die Gnade und das Erbarmen Gottes. Der Geist der Gnade und des Flehens ist ausgegossen über das Haus David und die Einwohner Jerusalems!

Und dieses nationale Flehen um Erbarmen mündet in das größte Wunder in der gesamten, von Wundern schon so reichen Geschichte Israels:

> *„... und sie werden auf mich blicken, den sie durchbohrt haben" (Sach. 12,10)*

Hier spricht Jeshua,[10] Jesus, das durchbohrte göttliche Opferlamm, unvermittelt in der Ich-Form und sagt prophetisch den Zeitpunkt voraus, wo der Heilige Geist durch die Offenbarung der Gnade Gottes dem jüdischen Volk die „Decke" in Bezug auf Gottes unermessliches Erbarmen von den Augen nimmt,[11] sodass sie ihn „von Angesicht zu Angesicht" erkennen.[12]

Diese Offenbarung wird einen Schock auslösen. Einen Schock vergleichbar dem, den die Brüder Josefs erfuhren, als sie urplötzlich mit der Tatsache konfrontiert wurden, dass derjenige, der ihnen so fremd erschien, derjenige, vor dessen (ausländischem) Namen sie sich fürchteten, derjenige, der vermeintlich mit ihrem Leben gespielt hatte – dass dies niemand anderes war als ihr leiblicher Bruder Josef,[13] der sie innig liebte und nichts als ihre Rettung und ihr Wohlergehen im Sinn hatte.

Dieser Schock wird auch dem gleichen, den die jüdischen Besucher des Shavuot-(Pfingst-)festes zu Jerusalem erlitten, als dreitausend von ihnen aufgrund der vollmächtigen Predigt des Petrus erkannten, dass der, den sie 50 Tage zuvor an die Römer ausgeliefert hatten, damit diese ihn als Verbrecher zu Tode brachten, niemand anderes war als der Messias, der Sohn Davids, der Gottesknecht, den die Propheten angekündigt und auf den sie seit Jahrhunderten gewartet hatten.[14] Dieser Schock wird in seiner Heftigkeit dem zu vergleichen sein, den Eltern erleiden, wenn sie erfahren, dass ihr einziges Kind ums Leben gekommen ist:

> *„... und werden über ihn wehklagen, wie man über den einzigen Sohn wehklagt, und werden bitter über ihn weinen, wie man bitter über den Erstgeborenen weint." (Sach. 12,10b)*

Diese Offenbarung, diesen Schock wird jede Familie, jede Sippe, Mann und Frau unabhängig voneinander erleben.[15]

Manche werden in dieser Erschütterung vor allem ihre Entfremdung gegenüber ihrem Retter (Jeshua) und Messias, ihre eigene Sünde und Herzenshärte erkennen. Andere werden darüber tiefste Betroffenheit empfinden, dass sie Gottes Langmut, seine Gnade und sein Erbarmen nicht erkannt oder gar zurückgewiesen haben. Andere werden erschüttert sein von dem Übermaß an Stolz auf eigene Stärken und Fähigkeiten und dem von Gott selbst losgelösten Vertrauen auf religiöse, humanistische oder nationale Tugenden und Fähigkeiten. Wie auch immer es bei jedem Einzelnen aussieht – diese vom Geist Gottes gewirkte Zerbrochenheit öffnet die Herzen für Sündenerkenntnis, Reinigung der Herzen und des Gewissens und Läuterung des Charakters.

„An jenem Tag wird für das Haus David und die Bewohner von Jerusalem eine Quelle geöffnet sein gegen Sünde und gegen Befleckung." (Sach. 13,1)

Das ist exakt die gleiche Aussage, wie sie Paulus unter Berufung auf andere prophetische Aussagen des Alten Testaments macht:

„ ... und so wird ganz Israel gerettet werden, wie geschrieben steht [Jes. 59,20; Jer. 31,33]: ‚Es wird kommen aus Zion der Erlöser, der abwenden wird alle Gottlosigkeit von Jakob. Und dies ist mein Bund mit ihnen, wenn ich ihre Sünden wegnehmen werde.'" (Röm. 11,26-27)

Dadurch wird ein tief gehender Prozess der Läuterung im ganzen Volk ausgelöst werden, insbesondere unter der Führungsschicht. Ausdrücklich erwähnt sind folgende Menschengruppen: Götzendiener (V. 2a); Menschen, die in moralischer Unreinheit leben (2b); falsche Propheten (3-6) sowie falsche religiöse und weltliche Führer (7). Von diesen Menschen oder Gruppen werden zwei Drittel den Läuterungsprozess nicht überstehen (8), ein Drittel wird jedoch „geläutert wie Silber und geprüft wie Gold" daraus hervorgehen, mit einer vertieften Gottesbeziehung und einem gereinigten Herzen (9).

Die Wiederkunft Jesu

In Kapitel 14,1 wird das äußere Geschehen, die Schilderung des militärischen Konflikts, wieder aufgenommen. An dieser Stelle greift der Prophet zusammenfassend das Geschehen von Sacharja 12,1-9 auf und führt es seinem dramatischen Finale zu:

„Siehe, ein Tag kommt für den HERRN, da verteilt man in deiner Mitte dein Plündergut. Und ich versammle alle Nationen

nach Jerusalem zum Krieg; und die Stadt wird eingenommen und die Häuser werden geplündert. Und die Frauen werden geschändet. Und die Hälfte der Stadt wird in die Gefangenschaft ausziehen, aber der Rest des Volkes wird nicht aus der Stadt ausgerottet werden." (Sach. 14,1-2)

Dieser geistliche Erlösungs- und Läuterungsprozess geschieht im Umfeld weiter eskalierender, extremer äußerer Bedrängnis. Die feindlichen Nationen dringen in die Stadt ein. Häuser werden geplündert, Frauen vergewaltigt, viele Einwohner Jerusalems werden als Kriegsgefangene weggeführt. Die Katastrophe von 587 v. Chr. und die zweite von 70/135 n. Chr. scheint sich zu wiederholen. Jerusalem könnte einmal mehr von seinen Feinden überwältigt und vernichtet werden.

Doch im Gegensatz zu den früheren Katastrophen um Jerusalem reagiert Israel diesmal anders. Es öffnet sich für den Geist Gottes, tut Buße, wird geläutert, das steinerne Herz verwandelt sich in ein Herz aus Fleisch[16] und Gottes Wille wird in sein Herz geschrieben.[17] Ganz Israel wird schließlich errettet.[18] Und dieser entscheidende Unterschied führt dazu, dass Gott selbst – im letzten Moment – in die Schlacht eingreift, indem der Messias (wieder) nach Jerusalem kommt:

„Dann wird der HERR ausziehen und gegen jene Nationen kämpfen, wie er schon immer gekämpft hat am Tag der Schlacht. Und seine Füße werden an jenem Tag auf dem Ölberg stehen, der vor Jerusalem im Osten liegt ..." (Sach. 14,3-4a)

Das ist der sechste Meilenstein auf dem Weg der Geschichte Gottes mit dem jüdischen Volk: Ihr Messias, der auch unser Retter und Heiland ist, kommt zurück nach Jerusalem und die messianische Heilszeit, das in der Offenbarung angekündigte Tausendjährige Reich, beginnt![19]

Er kommt zurück, und zwar genau an den Ort, von dem er einstmals – am Ende seines ersten Kommens – aufgefahren ist, auf den Ölberg,[20] nach Jerusalem. Und wir dürfen versichert sein, dass das geistlich geläuterte, wiedergeborene und äußerlich noch arg bedrängte jüdische Volk von ganzem Herzen und mit der größten nur denkbaren Freude und Erleichterung ausrufen wird: *„Baruch haba* *be schem adonai* – Gesegnet ist, der da kommt in dem Namen des Herrn!" (Mt. 23,39).

Die Wiederkunft des Herrn wird von gewaltigen Naturereignissen begleitet sein, von Erdbeben und dramatischen Erscheinungen am Himmel.[21] Die im Glauben Gestorbenen werden auferstehen[22] und mit dem Herrn zusammen nach Jerusalem kommen,[23] Jerusalem wird seine ewige Bestimmung antreten, nämlich, eine Stadt des Friedens zu sein.[24] Alle Gebete der „Wächter auf den Mauern Jerusalems" werden ihre letztendliche Erhörung finden.[25]

Das Gericht über die feindlichen Nationen

Doch was für die einen die Erfüllung ihrer tiefsten Sehnsüchte, ihrer Gebete und ihrer Hoffnungen im Leben und Sterben ist, ist für die anderen ein furchtbarer Moment des Gerichts:

> *„Und dies wird die Plage sein, mit der der HERR alle Völker plagen wird, die gegen Jerusalem in den Krieg gezogen sind: Er lässt jedem sein Fleisch verwesen, während er noch auf seinen Füßen steht, und seine Augen werden verwesen in ihren Höhlen, und seine Zunge wird in seinem Mund verwesen. Und es wird geschehen an jenem Tag, da wird eine große Verwirrung von dem HERRN unter ihnen entstehen, so dass einer des anderen Hand packen und sich seine Hand gegen die Hand seines Nächsten erheben wird. Und auch Juda wird gegen[26] Jerusalem kämpfen. Da wird dann der Reichtum aller Nationen ringsum eingesammelt werden: Gold und Silber und Kleider in großer Menge. Und ebenso, gleich dieser Plage, wird auch die Plage für die Pferde, die Maultiere, die Kamele und die Esel sein sowie für alle Tiere, die in jenen Heerlagern sind." (Sach. 14,12-15).*

Das messianische Königreich

Schließlich, nachdem das Gericht über die Nationen, die gegen Israel gekämpft haben, vollendet sein wird, bricht das messianische Königreich, die gemeinsame Hoffnung von Juden und Christen über die Jahrtausende hinweg, endlich in voller Pracht und Herrlichkeit an:

„Und es wird geschehen: Alle Übriggebliebenen von allen Nationen, die gegen Jerusalem gekommen sind, die werden Jahr für Jahr hinaufziehen, um den König, den HERRN der Heerscharen, anzubeten und das Laubhüttenfest zu feiern." (Sach. 14,16)

Lesen wir zum Abschluss dieses dramatischen Kapitels zwei prophetische Beschreibungen der Heilszeit:

„Sollte ich zum Durchbruch bringen und dann nicht gebären lassen? spricht der HERR. Oder sollte ich gebären lassen und dabei den Schoß verschließen? spricht dein Gott. Freut euch mit Jerusalem und jubelt über sie, alle, die ihr sie liebt! Frohlockt mit ihr in Freude, alle, die ihr über sie getrauert habt! Damit ihr saugt und euch sättigt an der Brust ihrer Tröstungen, damit ihr schlürft und euch labt an der Fülle ihrer Herrlichkeit. Denn so spricht der HERR: Siehe, ich wende ihr Frieden zu wie einen Strom und die Herrlichkeit der Nationen wie einen überflutenden Bach. Und ihr werdet saugen. Auf den Armen werdet ihr getragen und auf den Knien geliebkost werden. Wie einen, den seine Mutter tröstet, so will ich euch trösten. An Jerusalem sollt ihr getröstet werden." (Jes. 66,9-13)

„Und am Ende der Tage wird es geschehen, da wird der Berg des Hauses des HERRN feststehen als Haupt der Berge, und erhaben wird er sein über die Hügel. Und Völker werden zu ihm strömen, und viele Nationen werden hingehen und sagen: Kommt, lasst uns hinaufziehen zum Berg des HERRN und zum Haus des Gottes Jakobs, dass er uns aufgrund seiner Wege belehre! Und wir wollen auf seinen Pfaden gehen. Denn von Zion wird Weisung ausgehen und das Wort des HERRN von Jerusalem. Und er wird richten zwischen vielen Völkern und Recht sprechen für mächtige Nationen bis in die Ferne. Dann werden sie ihre Schwerter zu Pflugscharen umschmieden und ihre Speere zu Winzermessern. Nie mehr wird Nation gegen Nation das Schwert erheben, und sie werden das Kriegführen nicht mehr lernen[27]. Und sie werden sitzen, jeder unter seinem Weinstock und unter seinem Feigenbaum, und niemand wird

sie aufschrecken. Denn der Mund des HERRN der Heerscharen hat geredet. Ja, alle Völker leben, ein jedes im Namen seines Gottes. Wir aber leben im Namen des HERRN, unseres Gottes, für immer und ewig. An jenem Tag, spricht der HERR, sammle ich das Hinkende, und das Vertriebene bringe ich zusammen und das, dem ich Übles getan habe. Und ich mache das Hinkende zu einem Überrest und das Ermattete zu einer mächtigen Nation. Da wird der HERR König über sie sein auf dem Berg Zion, von da an bis in Ewigkeit." (Micha 4,1-7)

Anmerkungen

1 Mt 23,39.

2 Dieses Wort „heraufziehen" wurde ursprünglich verwandt, um den Aufstieg der Juden nach Jerusalem zu den drei großen jüdischen Festen im Jahr zu beschreiben. Inzwischen ist es zum Inbegriff der Rückkehr der Juden aus aller Welt nach „Erez Israel", in das Land Israel geworden.

3 Johannes Facius, *Das Kommen des Herrn beschleunigen,* Lüdenscheid: Asaph, 2002, S. 18. Diese Zeilen sind ein Auszug aus einer kommentierenden Passage zu Mt. 23,39.

4 Dazu ein Auszug aus einer öffentlichen Stellungnahme der Deutschen Bundesregierung vom 2.11.2000: „Der völkerrechtliche Status der Stadt Jerusalem war und ist umstritten. Der Teilungsplan der Vereinten Nationen (VN) vom 29.11.1947 (GV-Resolution 181) sah die Internationalisierung Jerusalems als ‚corpus separatum' unter der Verwaltung des Treuhandschaftsrats der VN vor. Durch die Kriegshandlungen der Jahre 1948 und 1949 und den nachfolgenden Waffenstillstand wurde die Stadt jedoch faktisch geteilt: Jordanien hatte bis zum Sechstagekrieg 1967 die Hoheitsgewalt über das unter seiner Kontrolle verbliebene Gebiet westlich des Jordan einschließlich des östlichen Teils Jerusalems. … *Die Bundesregierung betrachtet den Status der gesamten Stadt als völkerrechtlich offen und ungeklärt."*

5 Näheres zur Stellung des Vatikan zum Status von Jerusalem findet sich bei: Ulrike Koltermann, *Päpste und Palästina – Die Nahostpolitik des Vatikans von 1947 bis 1997*, Aschendorff Verlag, Münster 2001.

6 Die griechische Formulierung für „Vollzahl der Nationen" lautet *ton ethnon*, also einfach „alle (nichtjüdischen) Völker" im ethnischen Sinn des Wortes „Volk" (im Unterschied zu Nationen, wie sie z. B. in der UN repräsentiert

sind – eine Nation kann ein Konglomerat sehr vieler verschiedener Völker sein.) Mir leuchtet daher der Ansatz verschiedener Missionsbewegungen wie z. B. dem *A.D. 2000 and Beyond*-Netzwerk ein, sich zum Ziel zu setzen, dass jedes (ethnische) Volk das Zeugnis des Evangeliums zu hören bekommt, indem die Bibel (zumindest teilweise) in seine Sprache übersetzt und eine Gemeinde gegründet wird.

7 Auch hier lohnt es sich, diese drei Kapitel in ihrem Gesamtzusammenhang durchzulesen – wir können aus Platzgründen nur einzelne Auszüge, die für unsere Betrachtungen besonders relevant sind, daraus zitieren. Grundsätzlich bedeutsam ist dabei, dass es sich in diesen drei Kapiteln um ein prophetisches Reden aus einem Guss handelt und nicht um eine Ansammlung unzusammenhängender Prophetien.

8 Das Bild, das hier verwendet wird, ist das des Giftbechers. In der Antike war es üblich, einen Kelch voll Wein mit pflanzlichen Zusätzen zu versehen, die als Droge wirksam wurden und rauschähnliche Zustände verursachten. Manchmal wurde das Trinken eines Giftbechers auch als Mittel zur Ausführung der Todesstrafe angewandt, so etwa das bekannte Beispiel des Sokrates. In der hebräischen Sprache ist „Gift" oft auch ein Synonym für „Gericht" oder „Zorn".

9 „Mittlerweile sind 191 Staaten Mitglieder in der UNO. Aber schafft diese große Zahl unterschiedlichster Länder ein gerechtes Urteilsvermögen? Tatsächlich scheint sich die Energie dieser Welt-Organisation besonders auf ein Land zu konzentrieren, das die Größe Hessens hat und fast genauso jung ist wie die UNO selbst. Etwa 6,8 Millionen Menschen leben dort. Von den 690 Resolutionen der UN-Vollversammlung, die vor 1990 angenommen wurden, waren 429 gegen Israel gerichtet. Ebenso im Weltsicherheitsrat, der, wie sein Name sagt, immer dann tätig werden soll, wenn die Sicherheit in der Welt gefährdet ist: Von seinen 175 Resolutionen, die vor 1990 verabschiedet wurden, waren 97 gegen Israel gerichtet. Es gibt viel Leid auf der Erde, viele Länder, Despoten und Kriege – doch ein Drittel ihrer Zeit widmet die UNO Israel" (Auszug aus „Der Israelreport 05/2004 – das gesamte Dokument im Wortlaut finden Sie unter: http://www.christliche-freunde-israels.de/israel/dokumente/IsraelUNO.htm).

10 „Jeshua" ist der hebräische Name für Jesus und heißt „Retter".

11 2. Kor. 3,12-16: *„Da wir nun eine solche Hoffnung haben, so gehen wir mit großer Freimütigkeit vor und tun nicht wie Mose, der eine Decke über sein Angesicht legte, damit die Söhne Israels nicht auf das Ende des Vergehenden blicken sollten. Aber ihr Sinn ist verstockt worden, denn bis auf den heutigen Tag bleibt dieselbe Decke auf der Verlesung des Alten Testaments und wird nicht aufgedeckt, weil sie nur in Christus beseitigt wird.*

Aber bis heute, sooft Mose gelesen wird, liegt eine Decke auf ihrem Herzen. Dann aber, wenn es sich zum Herrn wendet, wird die Decke weggenommen.“

12 Hes 39,29: „*Und ich werde mein Angesicht nicht mehr vor ihnen verbergen, wenn ich meinen Geist über das Haus Israel ausgegossen habe, spricht der Herr, HERR.“*

13 1. Mo. 45,3-4a: „*Und Josef sagte zu seinen Brüdern: ‚Ich bin Josef. Lebt mein Vater noch?‘ Seine Brüder aber konnten ihm nicht antworten, denn sie waren bestürzt vor ihm. Da sagte Josef zu seinen Brüdern: ‚Tretet doch zu mir heran!‘ Und sie traten heran ...“*

14 „*Bei diesen Worten ging es den Hörern wie ein Stich durchs Herz, und sie sprachen zu Petrus und den anderen Aposteln: ‚Ihr Männer, liebe Brüder, was sollen wir denn tun?‘“* (Apg. 2,37; Übersetzung von Ludwig Albrecht, Gießen: Brunnen, 1988).

15 Sach. 12,12-14.

16 Hes. 21,26.

17 Jer. 31,33.

18 Röm. 11,26.

19 Offb. 20,1ff.

20 Apg. 1,10-12: „*Und als sie gespannt zum Himmel schauten, wie er auffuhr, siehe, da standen zwei Männer in weißen Kleidern bei ihnen, die auch sprachen: ‚Männer von Galiläa, was steht ihr und seht hinauf zum Himmel? Dieser Jesus, der von euch weg in den Himmel aufgenommen worden ist, wird so kommen, wie ihr ihn habt hingehen sehen in den Himmel.‘ Da kehrten sie nach Jerusalem zurück von dem Berg, welcher Ölberg heißt, der nahe bei Jerusalem ist, einen Sabbatweg entfernt.“*

21 S. Sach. 12, 4b; 6-10.

22 Das ist die so genannte „erste Auferstehung“ – s. Offb. 20,4-6.

23 Sach. 14,5b.

24 Sach. 4,11.

25 Jes. 62,1-7: „*Um Zions willen will ich nicht schweigen, und um Jerusalems willen will ich nicht ruhen, bis seine Gerechtigkeit hervorbricht wie Lichtglanz und sein Heil wie eine Fackel brennt. Und die Nationen werden deine Gerechtigkeit sehen und alle Könige deine Herrlichkeit. Und du wirst mit einem neuen Namen genannt werden, den der Mund des HERRN bestimmen*

wird. Und du wirst eine prachtvolle Krone sein in der Hand des HERRN und ein königliches Diadem in der Hand deines Gottes. Nicht länger wird man ‚Entlassene' zu dir sagen, und zu deinem Land wird man nicht mehr „Öde" sagen. Sondern man wird dich nennen „mein Gefallen an ihr" und dein Land „Verheiratete"; denn der HERR wird Gefallen an dir haben, und dein Land wird verheiratet sein. Denn wie der junge Mann die Jungfrau heiratet, so werden deine Söhne dich heiraten. Und wie der Bräutigam sich an der Braut freut, so wird dein Gott sich an dir freuen. Auf deine Mauern, Jerusalem, habe ich Wächter bestellt. Den ganzen Tag und die ganze Nacht werden sie keinen Augenblick schweigen. Ihr, die ihr den HERRN erinnert, gönnt euch keine Ruhe und lasst ihm keine Ruhe, bis er Jerusalem wieder aufrichtet und bis er es zum Lobpreis macht auf Erden!"

26 Das hebräische Wörtchen ‚be' hat ein sehr breites Bedeutungsspektrum: „in; unter, auf, in-hinein; an, bei, mit; wegen; um, für; in Gestalt von …" (Georg Fohrer, *Hebräisches und aramäisches Wörterbuch zum Alten Testament*, Berlin, New York: Walter de Gruyter, 3. Aufl., 1997, S. 27.) Alternative Übersetzungen sind z. B.: Juda wird bei/an der Seite von Jerusalem kämpfen (*at Jerusalem – King James*-Übersetzung) oder, freier: „Juda wird helfen, Jerusalem zu verteidigen" (*Hoffnung für alle*).

27 Dieser letzte Abschnitt steht bekanntlich in großer Schrift im UN-Gebäude in New York – gewissermaßen als Vision und Auftragsbeschreibung der Tätigkeit der UN. Leider wird von den Vertretern der UN der Vers davor („Von Zion wird Weisung ausgehen …") und der gesamte Kontext dieses Verses weitgehend nicht zur Kenntnis genommen. So löst sich auf tragische Weise diese Vision vom dauerhaften Weltfrieden von dem Einzigen, der diese Vision in Erfüllung bringen kann und wird, dem Friedefürsten, und von dem einzigen Ort, von dem dieser Friede ausgehen wird – der Stadt des Friedens, Jerusalem.

Kapitel 8

Das neue Jerusalem – der siebte Meilenstein

„Und ich sah einen neuen Himmel und eine neue Erde; denn der erste Himmel und die erste Erde waren vergangen, und das Meer ist nicht mehr. Und ich sah die heilige Stadt, das neue Jerusalem, aus dem Himmel von Gott herabkommen, bereitet wie eine für ihren Mann geschmückte Braut.“[1]

„‚Nun‘, sagten sie, ‚kommt ihr zu dem Berg Zion, zu dem himmlischen Jerusalem und zu der Menge vieler tausend Engel und zu den Geistern der vollendeten Gerechten (Hebr. 12,22-24). Ihr werdet eingehen in das Paradies Gottes, den Baum des Lebens werdet ihr sehen und essen von seinen unvergänglichen Früchten (Offb. 2,7). Ihr werdet wandeln in weissen Kleidern (Offb. 3,4), ihr werdet den König sehen (Offb. 22,4) und bei ihm wohnen von Ewigkeit zu Ewigkeit. Was euch auf Erden bedrückte, wird nicht mehr sein, weder Trübsal noch Schmerz, weder Krankheit noch Tod; denn das Alte ist vergangen (Offb. 21,4). Ihr werdet die Patriarchen sehen: Abraham, Isaak und Jakob, die Propheten und die Gerechten …‘“[2]

Das erlöste Israel und die erlöste Gemeinde Jesu aus den Nationen kommen an das gemeinsame Ziel ihres Weges. Für Israel ist dies der siebte und letzte Meilenstein auf seiner langen Reise durch die Menschheitsgeschichte – der neue, letzte Äon der „Ewigkeit", wo seine Berufung und seine Bestimmung ihre Erfüllung findet. Und darin mit eingeschlossen die Berufung und Bestimmung der in den Stamm Israel „eingepfropften"[3] christlichen Gemeinde aus den nichtjüdischen Völkern:

„Und er führte mich im Geist hinweg auf einen großen und hohen Berg und zeigte mir die heilige Stadt Jerusalem, wie sie aus dem Himmel von Gott herabkam, und sie hatte die Herrlichkeit Gottes. Ihr Lichtglanz war gleich einem sehr kostbaren Edelstein, wie ein kristallheller Jaspisstein; und sie hatte eine große und hohe Mauer und hatte zwölf Tore und an den Toren zwölf Engel und Namen darauf geschrieben, welche die Namen der zwölf Stämme der Söhne Israels sind: Nach Osten drei Tore und nach Norden drei Tore und nach Süden drei Tore und nach Westen drei Tore. Und die Mauer der Stadt hatte zwölf Grundsteine und auf ihnen zwölf Namen der zwölf Apostel des Lammes." (Offb. 21,10-14)

Die zwölf Tore des himmlischen Jerusalem stehen für die zwölf Stammväter Israels, die zwölf Grundsteine für die zwölf Apostel der neutestamentlichen Gemeinde. Gemeinsam sind sie die wichtigsten Funktionsträger des neuen Jerusalem, der Kreis der 24 Ältesten, die vor dem Thron Gottes stehen, angetan mit den weißen Kleidern der Erlösung, geschmückt auf den Häuptern mit dem goldenen Siegeskranz der Überwinder, die sich in Anbetung vor dem Lamm auf dem Thron beugen.[4] Damit erfüllt sich die Vision und die Berufung, die Gott von Anbeginn an den Erzvätern Israels gegeben hat, von denen es heißt:

„Diese alle sind im Glauben gestorben und haben die Verheißungen nicht erlangt, sondern sahen sie von fern und begrüßten sie und bekannten, dass sie Fremde und ohne Bürgerrecht auf der Erde seien. Denn die, die solches sagen, zeigen deutlich, dass sie ein Vaterland suchen. Wenn sie an jenes gedacht hätten, von dem sie ausgezogen waren, so hätten sie Zeit gehabt, zurückzukehren. Jetzt aber trachten sie nach einem besseren,

das ist nach einem himmlischen. Darum schämt sich Gott ihrer nicht, ihr Gott genannt zu werden, denn er hat ihnen eine Stadt bereitet." (Heb. 11,13-16)

Damit erfüllte sich die Vision der Propheten und Glaubenshelden Israels, die *„durch den Glauben ein Zeugnis erhielten, (...) die Verheißung nicht erlangt (haben), da Gott für uns etwas Besseres vorgesehen hat, damit sie nicht ohne uns vollendet werden sollten" (Heb. 11,39-40).*

Und damit erfüllte sich die Vision Jesu, der seinen jüdischen Nachfolgern sagte:

„Ich bin der gute Hirte und kenne die Meinen, und die Meinen kennen mich, wie mich mein Vater kennt, und ich kenne den Vater. Und ich lasse mein Leben für die Schafe. Und ich habe noch andere Schafe,[5] die sind nicht aus diesem Stall,[6] auch sie muss ich herführen, und sie werden meine Stimme hören, und es wird eine Herde und ein Hirte werden." *(Joh. 10,14-16; Luther; Hervorh. d. A.)*

Es erfüllt sich die revolutionäre Offenbarung des Paulus, um derer willen er so viel Leid, Unverständnis und Anfeindung zu erdulden hatte:[7]

„Darum denkt daran, dass ihr, die ihr von Geburt einst Heiden wart und Unbeschnittene genannt wurdet von denen, die äußerlich beschnitten sind, dass ihr zu jener Zeit ohne Christus wart, ausgeschlossen vom Bürgerrecht Israels und Fremde außerhalb des Bundes der Verheißung[8]; daher hattet ihr keine Hoffnung und wart ohne Gott in der Welt. Jetzt aber in Christus Jesus seid ihr, die ihr einst ferne wart, nahe geworden durch das Blut Christi. Denn er ist unser Friede, der aus beiden eines gemacht hat und den Zaun abgebrochen hat, der dazwischen war, nämlich die Feindschaft. Durch das Opfer seines Leibes hat er abgetan das Gesetz mit seinen Geboten und Satzungen, damit er in sich selber aus den zweien einen neuen Menschen

schaffe und Frieden mache und die beiden versöhne mit Gott in einem Leib durch das Kreuz, indem er die Feindschaft tötete durch sich selbst.“ (Eph. 2,11-16)

Schlussbemerkungen

Wir nähern uns damit dem Ende der Zeitreise durch die Bibel, die wir angetreten hatten, um sieben der wichtigsten Meilensteine Gottes im Weg mit dem jüdischen Volk nachzuzeichnen. Fassen wir diese noch einmal zusammen:

1. Meilenstein: Dieser bezieht sich auf Gottes Verheißungen an Abraham – Nachkommenschaft, Land und eine hohe Berufung –, welche versiegelt wurden mit einem einseitigen, bedingungslosen, ewigen Bund. Diese spezielle Verheißungslinie pflanzt sich über Isaak und Jakob auf das jüdische Volk fort.
2. Meilenstein: Gottes Bundesschluss mit dem Volk Israel in der Wüste Sinai unter der Leitung Moses – ein zweiseitiger, in Bezug auf die positiven Verheißungen bedingter, zeitlich begrenzter Bund.
3. Meilenstein: Dieser bezieht sich auf Gottes Offenbarung an und durch König David: Die Verheißung eines messianischen Priesterkönigs, den Sohn Davids und die Verheißung einer ewig-göttlichen Stadt, Jerusalem, die Stadt Davids.
4. Meilenstein: Das Schicksal Jerusalems, Israels und des jüdischen Volkes, wie es von Jesus selbst prophetisch für den Großteil der neutestamentlichen Zeit vorhergesehen wurde.
5. Meilenstein: Die Szenerie am Ende des neutestamentlichen Zeitalters: der Kampf um Jerusalem, die Läuterung und Erlösung Israels durch den Messias, die Wiederkunft des Herrn und das Gericht über die Nationen.

6. Meilenstein: Dieser betrifft das messianische Friedensreich, das „Tausendjährige Reich“ unter dem Messias und verheißenen Priesterkönig Jesus mit Hauptsitz in der Welthauptstadt Jerusalem.

7. Meilenstein: Hier ist von Gottes letztlichem Ziel die Rede: eine Herde unter einem Hirten, das neue Jerusalem, die vierundzwanzig Ältesten, der „eine neue Mensch“. All dies sind Bilder für die gleiche Wahrheit: Die ewige Zukunft des erlösten Israel, vereint mit der erlösten Schar aus den nichtjüdischen Nationen im Lichtglanz der unmittelbaren Gegenwart Gottes und in der letztendlichen Erfüllung ihrer Berufung.

Drei Dinge sollten mit dieser Skizzierung des heilsgeschichtlichen Weges Gottes mit Israel deutlich werden:

- Die Zentralität des Weges Gottes mit Israel im Rahmen der biblischen Gesamtoffenbarung
- Die Einheit und Kontinuität des Weges Gottes mit Israel im Alten und Neuen Testament
- Die Relevanz des Weges Gottes mit Israel für unsere heutige Zeit

Die Zentralität des Weges Gottes mit Israel

Gottes Weg mit Israel über die Epochen und Generationen, von Abraham bis zur Vollendung des himmlischen Jerusalems, ist keine Nebenstraße biblischer Offenbarung und schon gar keine Sackgasse. Er steht im Zentrum und liegt, so möchte ich behaupten, über die Gesamtheit der biblischen Offenbarung Gottes und seiner Absichten mit der Menschheit vom 1. Buch Mose bis hinein in die letzten Kapitel des Buches der Johannes-Offenbarung, auf der Hauptachse biblischer Offenbarung.

Dies soll von anderen Schwerpunkten, dem, was Gott uns durch sein Wort zu sagen hat, nicht den geringsten Abstrich machen. Aber es soll deutlich werden, dass wir als Gemeinde Jesu ohne ein Verständnis dieses Aspektes der biblischen Offenbarung in ernster Gefahr stehen, die Balance zu verlieren und in Schieflage zu geraten. Dies ist meines Erachtens im Verlauf der Kirchengeschichte in tragischer Weise geschehen.

Es gehört deshalb ganz wesentlich zu den liebevollen „Wiederherstellungsabsichten“[9] Gottes bezüglich der Gemeinde Jesu in der Endzeit, uns auf diese schon in der Frühgeschichte der Kirche weithin verloren gegangenen Wahrheiten aufmerksam zu machen und uns damit zu versöhnen. Dies dient unserer eigenen geistlichen Gesundheit, unserer Identitätsfindung und unserer Entfaltungskraft in die „volle Mannesreife“ (Epheser 4). Alle anderen Aspekte der Offenbarung und Führung Gottes an die Nachfolger Jesu werden letztlich davon profitieren, wenn wir uns in unserem Herzen und in unserem Leben für Gottes Weg mit Israel öffnen.

Die Einheit und Kontinuität des Weges Gottes mit Israel im Alten und Neuen Testament

Zweitens sollte im Prozess des Nachzeichnens des Weges Gottes mit Israel die große Einheit deutlich werden, die in dieser Hinsicht im Zeugnis der Schrift zwischen dem Alten und Neuen Testament besteht. Sicherlich gibt es zwischen der Offenbarung Gottes im AT und im NT wesentliche Unterschiede, verschiedene Schwerpunkte und Akzentsetzungen. Aber in Bezug auf Gottes Weg mit Israel verzahnen sich diese beiden Teile der Heiligen Schrift lückenlos.

Diese Einheit ist ein beeindruckendes Zeugnis der anbetungswürdigen Liebe, Treue und Größe Gottes und seiner Kraft durch alle Zeitalter hindurch. Hieran wird deutlich, wie wohl an keinem anderen Thema in der Bibel, dass der Gott Abrahams, Isaaks und Jakobs in der Tat derselbe ist – „gestern, heute und in alle Ewigkeit“.[10] Auch wenn wir Menschen untreu werden – Juden oder Nichtjuden – Gott bleibt treu.[11] Er ist der Anfänger und Vollender des Glaubens, auch des Glaubens Israels. Und darum können wir unerschütterliche Zuversicht darin haben, dass dies auch für die Gemeinde Jesu und damit für dich und mich gilt. Wenn Gott einmal sein Wort brechen würde – woher sollten wir dann noch die Zuversicht nehmen, dass er es nicht ein zweites Mal täte? Doch wir dürfen dankbar und anbetend erkennen: Gott hat sein Wort, Gott hat seinen Gnadenbund niemals gebrochen.

Die Relevanz des Weges Gottes mit Israel

Das Dritte, was deutlich werden sollte, ist die Relevanz, die dieser Strang biblischer Offenbarung für uns Christen und in gewisser Hinsicht für alle Menschen hat. Dies gilt in zunehmendem Maße in dem sich zuspitzenden endzeitlichen Geschehen.

Es gibt zum Thema „Israel" so viele widersprüchliche Emotionen, Assoziationen, Biographien und Prägungen. Dies gilt für Christen wie Nichtchristen gleichermaßen. Wie findet man sich in diesem Wust von Gefühlen, Meinungen und Interessen zurecht? Das Wort Gottes bietet hier, so meine ich, eine unschätzbare Orientierungshilfe an, eine Orientierungshilfe, die klarer und eindeutiger ist als jede persönliche Neigung oder auch als die Kraft von Medien und Zeitgeist – vorausgesetzt, man lässt sich auf diese Hilfestellung durch das Wort Gottes ein.

Je weiter sich diese biblisch vorhergesagten Entwicklungen in Bezug auf Israel historisch entfalten, desto weniger ist es möglich, sich auf eine vermeintliche „Neutralität" bezüglich Israel zurückzuziehen. Dies gilt für den Einzelnen wie für die Gemeinde Jesu und für die Nationen. Jeder muss früher oder später Position beziehen. Lassen Sie sich von der Bibel, lassen Sie sich vom Gott der Bibel dabei helfen.

So möchte ich schließen mit den letzten Worten des Paulus im Römerbrief, Kapitel 11. Dieser Paulus, der hoch gebildete jüdische Rabbi und geisterfüllte Apostel der Heiden, verstand die Zentralität, die biblische Einheit und die Relevanz des Weges Gottes mit Israel – und bricht darüber in Anbetung aus:

> *„O, welch eine Tiefe des Reichtums, beides, der Weisheit und der Erkenntnis Gottes! Wie unbegreiflich sind seine Gerichte und unerforschlich seine Wege! Denn ‚wer hat des Herrn Sinn erkannt, oder wer ist sein Ratgeber gewesen' (Jesaja 40,13)? Oder ‚wer hat ihm etwas zuvor gegeben, dass Gott es ihm vergelten müsste' (Hiob 41,3)? Denn von ihm und durch ihn und zu ihm sind alle Dinge. Ihm sei Ehre in Ewigkeit! Amen." (Röm. 11,33-36)*

Anmerkungen

1 Offb. 21,1-2.

2 John Bunyan, *Pilgerreise zur seligen Ewigkeit,* Lahr-Dinglingen: St. Johannis-Druckerei, 13. Aufl., 1989, S. 173.

3 Röm. 11,16b-21.

4 Offb. 4,4; Offb. 4,10; Offb. 5,8; Offb. 11,16; Offb. 19,14.

5 Gemeint sind die nichtjüdischen Menschen.

6 Gemeint ist Israel.

7 Die entscheidende Offenbarung, von der Paulus an verschiedenen Stellen (z. B. Röm. 16,25; 2. Kor. 12,7; Gal. 1,12; Eph. 3,3) spricht, sind zwei Dinge, die unmittelbar zusammenhängen: die Irrelevanz des mosaischen Gesetzes in Bezug auf Gotteskindschaft und Erlösung und die Einheit von Juden und Nichtjuden in dieser Erlösung.

8 Gemeint ist der Abrahambund, in den wir nun „eingepfropft" sind (s. Anmerkung 3).

9 Anhand der durch Apg. 3,19-21 inspirierten Schau, dass Gott seine Gemeinde und Israel in paralleler Weise auf der Grundlage von Gottes Verheißungen „wiederherstellt" und auf die Wiederkunft Jesu vorbereitet, s. Kapitel 1.

10 Hebr. 13,8.

11 Röm. 3,3; Röm. 9,6; Röm. 11,26; 2. Tim. 2,13.